工会工作者岗位能力提升丛书
GONGHUI GONGZUOZHE GANGWEI
NENGLI TISHENG CONGSHU

怎样当好劳动关系协调员

ZENYANG DANGHAO LAODONG
GUANXI XIETIAOYUAN

唐镛　陈诚　池媛媛◎著

中国工人出版社

图书在版编目（CIP）数据

怎样当好劳动关系协调员 / 唐鑛,陈诚,池媛媛著.—北京：
中国工人出版社，2014.10
ISBN 978-7-5008-5952-9

Ⅰ.①怎… Ⅱ.①唐… ②陈… ③池… Ⅲ.①劳动关系—管理—中国 Ⅳ.①F249.26

中国版本图书馆CIP数据核字（2014）第244058号

怎样当好劳动关系协调员

出 版 人	李庆堂
责任编辑	罗荣波
责任校对	孙逎伟
责任印制	栾征宇
出版发行	中国工人出版社
地　　址	北京市东城区鼓楼外大街45号 邮编：100120
网　　址	http://www.wp-china.com
电　　话	（010）62350006（总编室）（010）62005039（营销出版部） （010）82075935（工会与劳动关系分社）
发行热线	（010）62004002（010）82081553（传真）
经　　销	各地书店
印　　刷	北京市密东印刷有限公司
开　　本	700毫米×1000毫米 1/16
印　　张	14
字　　数	200千字
版　　次	2014年12月第1版 2014年12月第1次印刷
定　　价	35.00元

前　言

劳资双方在工作场所形成的用工关系就是劳动关系，劳动关系管理就是对劳资双方在工作场所形成的用工关系进行协调和管理。我们把“人力资源与劳动关系”（HRIR）作为一个单个的词语来描述一个宽泛的领域，既包括人力资源管理也包括劳动关系的制度性范式。劳动关系管理清楚地表明，劳资双方在工作场所中是一种谁也离不开谁的相互依存关系，企业只不过是一个利益相关方为实现共同利益并进行各自利益交换的平台而已。企业要绩效，员工要报酬，这都是天经地义的，是市场经济条件下再正常不过的事情了。报酬和绩效其本质是劳资双方的对等承诺和双向实现，这才是工作场所用工管理的主要矛盾和主要问题，劳动关系管理实质上就是一个在组织绩效与员工报酬之间讨价还价并寻找平衡的过程。

党的十八大报告明确指出：“健全劳动标准体系和劳动关系协调机制，加强劳动保障监察和争议调解仲裁，构建和谐劳动关系。”在全球化、信息化不断发展的背景下，目前我国劳动关系的运行遇到很多新的问题和挑战，如何正确处理和协调劳动关系，已经成为我们进行社会治理的一项长期的中心任务，成为构建和谐社会的一项基础性工作。

我国虽然已经建立了包括法定劳动保障基准、劳动合同、集体合同、劳动争议处理、劳动保障监察制度在内的法定劳动关系调整体系，但是我国的劳动关系从业人员严重缺乏，我们必须花大力气建立一支高素质的劳动关系协调专业化队伍。为此，2007 年年底，国家劳动和社会保障部（现人力资源和社会保障部）发布了“劳动关系协调员”这一新职业，明确劳动关系协调员是指从事宣传和监督劳动关系的专业工作人员，是用人单位和员工双方利益协调机制、诉求表达机制、矛盾调处机制、权益保障机制的最基层承担者。劳动关系协调工作责任重、专业性强，不仅要求从业人员具备劳动关系管理和劳动保障法律方面的专业知识，具备高尚的职业道德、良好的心理素质和各项关键能力，更重要的是，从业人员必须能在实际工作中娴熟地运用这些知识和能力。

正是在这种现实需求和理论指导下，人力资源和社会保障部劳动科学研究所与中国人民大学劳动人事学院2012年共同开发了《劳动关系协调员（师）国家职业资格培训鉴定教材》。在总结国家指定鉴定教材编写经验的基础上，针对劳动关系协调员在实际工作中的操作需求，我们开发和编写了《怎样当好劳动关系协调员》这本工作手册。本书通过问答的形式，按照劳动关系协调员的工作模块进行梳理和编排。本书包括两大部分，第一部分是第一章劳动关系协调员必读的基本知识，我们总结了协调员的相关职业操守、能力素质等；第二部分是第二章到第七章，从劳动标准实施管理、劳动合同管理、集体协商与集体合同管理、劳动规章制度建设、劳资沟通与民主管理、员工申诉与劳动争议处理六大模块，梳理劳动关系协调员需要掌握的知识和技能。本书较少理论陈述，更多着墨于实操指导，可以作为劳动关系协调员的工作指南。

在本书的编写过程中，我们得到了中国工人出版社领导对我们的鼓励和支持，得到了中国工人出版社罗荣波编辑给我们的具体建议和指导，同时，刘兰、汪鑫、嵇月婷、李潇、卢衍江、王舒扬、童欣、刘江、赵楠、王冠迪、王选立、冷宜臻、杨欣然、刘晓琳、黄尧、周亚颖、林芳圆、武芳旭、柯丽香、赵楠、曹可安、黄文欣、廖紫薇、刘文静、冯国豪、冉凯文、柯烁荣、王方易、张佳玮、朱云乐、林瑶等也参与了本书的讨论和修订等工作，在此我们一并表示深深的感谢和敬意。

劳动关系协调工作颇为复杂，本书难免存在许多不足之处，我们殷切地期望人力资源与劳动关系领域的专家、学者和从业人员给予批评和建议，以便我们进一步改进和完善。

唐镄、陈诚、池媛媛

2014. 12. 15

CONTENTS 目录

一 劳动关系协调员必读的基础知识

1. 什么是劳动关系协调员？

2008 年，劳动和社会保障部（现人力资源和社会保障部）颁布了《劳动关系协调员国家职业标准》（劳社厅发〔2008〕5 号）（以下简称《职业标准》）。《职业标准》指出：劳动关系协调员是指从事宣传和监督劳动关系的专业工作人员。主要职业功能有六项，分别是劳动标准实施管理、劳动合同管理、集体协商和集体合同管理、劳动规章制度建设、劳资沟通和民主管理、职工申诉和劳动争议处理。其职业资格共设三个等级，分别为劳动关系协调员（国家职业资格三级）、劳动关系协调师（国家职业资格二级）和高级劳动关系协调师（国家职业资格一级）。

2. 为什么要培养劳动关系协调员？

面对我国复杂的劳动关系现状，党的十八大报告明确指出：健全劳动标准体系和劳动关系协调机制，加强劳动保障监察和争议调解仲裁，构建和谐劳动关系。因此，正确处理和协调劳动关系，已经成为我们在处理和协调各种经济社会矛盾中的一项长期的中心内容，成为协调社会经济发展的重要方面，成为建设和谐社会的基础工作。

我国虽然已经建立了包括法定劳动保障基准、劳动合同、集体合同、劳动争议处理、劳动保障监察制度在内的法定劳动关系调整体系，但是保障这套体系运行的劳动关系协调员严重缺乏，亟待加强队伍建设。劳动关系协调工作责任重，专业性强，不仅要求从业人员具有认真负责的态度、客观公正的意识，更需要相应的劳动关系和劳动保障法律知识以及娴熟的判断、沟通和说服技能。因此，我国需要壮大劳动关系协调员的队伍，并加强对其职业培训。

3. 当好劳动关系协调员需要具备哪些素质？

有了党和政府对和谐劳动关系的高度重视和大力支持，有了完备的劳动关系协调员国家职业标准，怎样当好劳动关系协调员，关键在于对相关工作的熟悉和掌握，在实际工作中的实践和应用，根据人力资源和社会保障部等相关部委对劳动关系协调员的职业要求，劳动关系协调员需要熟悉掌握劳动标准实施管理、劳动合同管理、集体协商与集体合同管理、劳动规章制度建设、劳资沟通与民主管理、职工申诉与劳动争议处理等相关知识。同时，由于劳动关系协调员调处劳动关系相关问题需要协调劳方和资方的矛盾，面对其中的利益冲突和可能产生的突发性问题，劳动关系协调员需要具备高尚的职业道德和良好的心理素质。

4. 劳动关系协调员要遵守哪些职业道德守则？

第一，遵章守法，严谨求实。

劳动关系协调员在调解工作中，应严格遵守“遵章守法，严谨求实”的原则。所有调解活动必须依法开展，即调解范围、程序步骤、工作方法必须符合有关法律、法规、规章和政策的规定。劳动关系协调工作关系到劳资双方的切身利益，只有以严谨求实的工作作风、精湛娴熟的业务能力、以人为本的服务理念，才能使劳动关系健康发展。在协调的过程中必须以事实为依据，以法律为准绳。

第二，以人为本，客观公正。

劳动关系协调员在劳动争议调解时，必须坚持“以人为本、客观公正”的原则。即受理劳资纠纷基于双方当事人自愿，如果当事人不愿意接受调解，或者不愿意接受某个组织和个人的调解，或者有一方当事人不愿意接受调解，均不能强迫。在调解过程中应坚持客观公正的原则，对当事人必须进行耐心细致的劝解、开导、说服，不允许采取歧视、强迫、偏袒和压制的办法。经充分征求双方当事人意见后达成的协议，其是非界限、责任承担、权利义务内容，必须由当事人自愿接受，不得强加于人。

第三，积极主动，热情服务。

劳动关系协调工作涉及面广、利益复杂、协调困难，这就更需要劳动关系协调员积极主动，热情服务。劳动关系协调员要积极主动地了解劳动关系状况，认真查找问题，及时化解矛盾纠纷，为劳资双方当事人提供热情周到的服务。

第四，和谐至上，合作共赢。

和谐劳动关系是和谐社会的基础，利益共享是和谐劳动关系的法宝，建立利益共享的和谐劳动关系是构建和谐社会的重要保障。在劳动关系协调工作中，首先，要使劳资双方树立“和谐至上、合作共赢”的观念。深刻理解企业员工相互依存的道理，企业要以人为本，利益共享；员工自觉参与企业制度文化建设。其次，要建立科学合理的激励机制。员工是价值的创造者，同时也应该是价值的分享者，建立利益分享的激励机制是和谐劳资关系的必由之路。最后，还应强化企业的社会责任。对员工负责，关爱员工是企业承担社会责任的第一要素，是企业能够长久发展的内在动力。应将企业和员工的长远发展联系起来，实现员工与企业的共同成长。

5. 劳动关系协调员要坚持哪些职业操守？

劳动关系协调员的职业操守，是指劳动关系协调员在执业劳动关系协调工作时所应具有和表现的良好品德和行为。恪守职业操守，这既是一个正派人道德水准的集中表现，也是劳动关系协调职业的客观要求。由于我国现代劳动关系协调制度建立时间不长，有待完善的地方还有很多，因此，倡导树立劳动关系协调员的职业操守是非常必要的。结合我国劳动关系协调工作实际，劳动关系协调员应该从以下几个方面作出努力。

第一，树立和强化现代劳动关系协调意识。

现代劳动关系协调意识是指按照市场经济的要求，以高度的责任心和完善的服务，及时公正快捷地协调劳动关系纠纷，将劳资双方的损失最小化，最大限度地恢复和谐劳动关系。它要求劳动关系协调员要牢牢把握“中立、平等、公正、高效、和谐、文明”的原则，始终保持高尚的人格和气节，避免出现草率办案、超审限办案等情况。

第二，以公正办事实现公平正义。

公正是包括劳动关系协调在内的解决争议方式均应遵循和追求的价值目标，也是当事人寻求解决争议时最主要的心理期待。劳动关系协调员作为裁判者，必须要强调公心，不谋私利，决不以牺牲法律的公正、劳动关系协调员的名誉、劳动关系协调机构的信誉和当事人的利益来换取人际关系和物质利益。特别要注意这样几个问题：一是“关系案”问题，即要求劳动关系协调员向理不向人、关系服从规定，决不以“关系”的大小远近定案，把个人和小集团利益置于良心、法律和当事人利益之上。二是泄密问题，即劳动关系协调员应当严格保守劳动关系协调秘密，不得对外界透露案情、审理过程、案件涉及的商业秘密等，不得向当事人透露本人对案件的看法和劳动关系协调庭合议的情况。三是杜绝吃请收礼问题，即劳动关系协调员应当避免接受当事人、代理人请客送礼。

第三，坚持中立，不要做当事人的“代理人”。

劳动关系协调员在协调过程中，无论是当事人双方共同选定，还是一方当事人选定，都必须清醒地认识并始终牢牢把握住一个基本的立场：中立与独立，决不做当事人的“代理人”。

第四，讲诚信，守纪律。

对劳动关系协调员来说，法律和当事人赋予的劳动关系协调权，从本质上说是因当事人的信任而产生的，劳动关系协调员只能以诚信报答当事人的信任。依法公正断案，才能对得起当事人，对得起法律，对得起自己的良心。劳动关系协调员要以法律法规为行动指南，牢固树立“诚信为本、操守为重”的观念，应做到以下几点：一是珍惜和维护职业声誉。二是严格遵守工作纪律。三是随时履行风险告知义务。四是自我宣传要适当。

第五，关注当事人。

许多劳动关系协调案件的当事人在签订劳动关系协调条款的时候对劳动关系协调并不知晓，更谈不上了解。在发生纠纷后，往往是受律师或法院的指点才来到劳动关系协调机构。对这些当事人来说，劳动关系协调机构、劳动关系协调员乃至劳动关系协调的一切都是陌生的。要使劳动关系协调为当事人所了解、接受和欢迎，让每一个当事人成为劳动关系协调制度的正面宣传员，劳动关系协调员必须关注当事人。

第六，言语仪表要恰当。

劳动关系协调员言语仪表要与身份相符合，尤其要慎言，努力做到以下四点：一是充分体现劳动关系协调的价值观念，平等地对待当事人双方。二是要善于引导当事人在有限的时间内陈清事实和理由，始终把握良好的陈述气氛，避免吵架式的辩论。三是要体现劳动关系协调员个人的话语魅力。四是劳动关系协调文书应当体现劳动关系协调的特点。

第七，树立良好的时间观念。

劳动关系协调员应当按时参加庭审，按时参加合议、现场调查及其他工作，无正当理由不得缺席、迟到、早退。劳动关系协调员不守时有三大危害：一是会损害当事人的权益。二是会破坏协调过程的公平。三是会破坏劳动关系协调员的形象和法律尊严。因此，劳动关系协调员一定要守时，这既是工作的需要，也是人格的要求。

6. 劳动关系协调员应具备哪五大能力?

根据《职业标准》要求，劳动关系协调员应该具有五大能力，具体来讲，这五大能力包括以下内容：

第一，表达和说服能力。准确的语言表达能力是说服力的基本功，但语言表达能力不是花言巧语，更不是蒙人、骗人的诡辩术。劳动关系协调员要充分理解劳动关系协调双方当事人的情况，站在公平、公正、独立的立场上，通过讲事实、摆道理、说法律，有理有据地引导劳动关系协调双方当事人朝着解决问题、合作共赢的方向发展。

第二，沟通能力。沟通能力包含着表达能力、争辩能力、倾听能力和设计能力，劳动关系协调员作为协调劳动关系双方当事人解决问题的工作人员，要恰当把握问题的尺度。对于复杂的劳动关系问题，要理性地进行沟通。对于协调过程中双方当事人暂时的不理解，劳动关系协调员要有耐心，要主动去了解双方当事人的心理状态，并调节自己的沟通方式，以便更好地完成沟通过程。

第三，调查和分析判断能力。面对复杂的劳动关系问题，劳动关系协调员要学会观察，掌握调查问题和分析问题的能力，透过现象看本质，通过事实反映出来的劳动关系问题去分析其背后的利益关系和劳资博弈过程，并站在公平、公正、独立的立场上，客观分析问题，客观判断问题，为处理劳动关系问题做好调查准备。

第四，协调能力。劳动关系协调员的工作重点在于对劳动关系问题的协调，推进问题的解决，实现劳动关系双方当事人的相互理解、促进共赢发展，实现稳定和谐的劳动关系。因此，劳动关系协调员要掌握好协调的能力，有效引导双方当事人相互理解、相互信任，促进问题的化解。

第五，化解冲突和应急处理能力。由于劳动关系问题大多涉及双方当事人的利益冲突，因此有的劳动关系问题会伴随着双方当事人的冲突甚至发展为群体性事件，因此，劳动关系协调员要掌握化解冲突和应急处理的能力，应急处理突发的劳动关系问题。

7. 劳动关系协调员怎样提高劳资双方的沟通能力？

沟通的能力对于人们的生活至关重要，对于劳资沟通而言更是如此，有效的沟通技巧有助于清楚地表达自己的思想、情感和信息，了解对方的想法和态度，从而尽快达成共同的协议。劳资双方的沟通能够增进对对方的了解，对于协商劳动关系问题，化解劳动争议都有益处。劳动关系协调员应积极引导劳资双方加强沟通。

第一，积极倾听。

古谚云："智者善听，愚者善说。"实际上，倾听也是沟通中一种极为重要的技巧。倾听对方，同时也可以让对方倾听自己，加强沟通双方的相互信任，达到双向沟通的目的，最终解决问题。倾听不是被动地接受对方陈诉的观点，而是主动地进行思考，理解对方的真实意图。在倾听的过程中，要聆听对方的全部信息，不要轻易地下结论，即使不同意对方的某个观点，也不要立即打断对方。在聆听的过程中，可以做些笔录，同时运用一些肢体语言表示你对对方观点的兴趣。倾听的最终目的是了解对方的真实意图。当对方陈诉完观点后，你可以按照自己的理解复述对方的观点，在不解之处向对方提出疑问，以此消除双方的理解误差。在劳资沟通协调的过程中，学会有效倾听非常重要，很多时候双方都因急于表达自身的观点，而误解了对方的意图，从而导致矛盾的激化。

第二，有效表达。

沟通的核心在于向对方清楚、准确地传达自己的思想、观点和信息。为了提高沟通中表达的准确性，充分地掌握表达技巧十分必要。一是要注意自己的语音、语调和语气。有时，相同的话用不同的语气表达，会有完全不同的效果。二是要对事不对人，不要轻易地对对方作主观性的负面评价。对人不对事，容易让对方产生抵触情绪，而对事不对人的表达方法由于陈述了客观事实，在沟通中更容易让对方接受。三是要充分发挥语言的魅力。比如把“你”和“你们”变成“我”和“我们”，这样可以贴近沟通双方的关系，缓解气氛。

第三，准确反馈。

一次沟通并不能完全消除双方的信息不对称，反馈的意义在于使得沟通变成一种循环反复的过程，双方都根据对方的反应，不断修正自己的观点，从而达成共同的协议。在劳资沟通的过程中，反馈通常包括正面反馈和负面反馈两种类型。正面的反馈是指当发现对方有良好表现的时候应及时认可。具体的步骤包括：说明员工在表现上的细节，这些细节反映了员工哪方面的品质，并告诉员工这些表现带来的结果和影响。这样就能够让员工知道自己的表现得到了认可，并在以后的工作中强化这种行为。负面的反馈是指对对方的某些行为或观点表示不赞同，提出批评和建议。与正面反馈相比，负面反馈更难以令人接受。因此在进行负面反馈的时候要耐心，具体地描述对方的相关行为，客观、准确地指出这种行为带来的不良后果，并提出改进建议。

第四，化解异议。

无论劳资双方采取何种沟通技巧，由于所处立场的不同，难免会产生意见分歧，如何看待意见分歧并最终达成共识，对劳资双方而言，都是一个不小的难题。为了化解劳资双方的异议，达到劳资共赢，可以从以下几方面着手：一是找出导致分歧的原因与化解异议的突破点。二是互相提供建设性的意见。三是说明这样做的原因，并努力使对方理解。四是换位思考，考虑对方的利益，达到共赢。五是求同存异，允许在不影响共同利益的前提下，存在不同的意见。

8. 劳动关系协调员常用的调查方法有哪些？

第一，调查法。

在社会学的研究中，人们常常使用直接向对象问询的调查方法，或是单纯为了收集资料，或是找出事实之间的关系，这种方法就叫调查法。它的操作过程是：首先，随机抽取调查样本。其次，对调查样本进行问卷调查和访问。再次，对调查材料进行分析，得出结论。调查法主要包括问卷法和访谈法两种。

问卷法是社会调查中最常用的资料收集方法，也是劳动关系协调员经常用到的调查方法。问卷分为自填问卷和访问问卷两种类型，自填问卷由被调查者自己填答，可以通过各级工会或劳动关系协调员亲自发放的方式送达到被调查者手中，而访问问卷由劳动关系协调员根据被调查者的口头回答来填写。访问法是研究者去访问被调查者，通过向被调查者提问而获取调查资料的方法。它是最普遍的社会调查方法之一，整个访问过程是访问者与被访问者互相影响、互相作用的过程。访问的目的是了解社会真实的情况。劳动关系协调员可以通过这两种方法来收集相关劳动关系资料。

第二，观察法。

观察法就是研究者根据研究课题需要，利用眼睛、耳朵等感觉器官和其他辅助观察设备，有目的地对观察对象进行考察，以取得研究所需要的第一手资料的一种方法。劳动关系协调员可以通过有目的的观察，查看调查对象的劳动关系特征，为协调劳动关系积累资料。

第三，文献法。

文献法是利用各种文献记录所隐藏的大量资料来进行社会学研究的方法。劳动关系协调员可以通过查找文献，学习相关法律法规，了解劳动关系背后的成因，借鉴其他地区化解劳资矛盾的先进经验。

9. 劳动关系协调员怎样提高协调能力?

协调能力是指决策过程中的协调指挥才能。决策的领导者应该懂得一套科学的组织设计原则，应该熟悉并善于运用各种组织形式，还应该善于用权，能够指挥自如，控制有方，协调人力、物力、财力，以获得最佳效果。协调能力包括人际关系协调能力和工作协调能力两个方面。在劳动关系领域，主要是各方的冲突管理，其中的协调能力主要指冲突爆发后稳定双方情绪、协调双方利益的能力，将冲突合理化解，使问题得到有效解决。

主动疏导。即在明确双方当事人之间争议的事实和主张后，劳动关系协调员应当有针对性地对双方进行疏导工作，从纠纷发生的原因和纠纷发生的过程上进行分析和协调，耐心疏导。

分别协调。分别协调就是在争议发生后，对劳资双方当事人分别进行协调，通过单独协调的方式达到协调的目的。

冷却处理。在争议处理的实践过程中，很多当事人有着较为强烈的对抗情绪，无法冷静处理问题，不能客观陈述自己的观点和意见。此时争议的解决往往陷入较为困难的境地，协调工作无法展开。此时，双方需要一段合理的时间来冷静思考，只有双方当事人冷静、明理，能够理性地思考问题并处理问题的时候，协调工作才能够继续向前推进。

10. 劳动关系协调员怎样提高冲突管理能力?

劳资冲突是指在工作场所发生的劳资双方意见不一致或争论的状态，发生冲突的原因可能来自资源的稀缺性、价值取向、世界观、对事实的争议等。劳资冲突并不代表暴乱、破坏、非理性，一定水平的劳资冲突能够使组织保持旺盛的生命力和不断创新。识别并化解冲突是劳动关系协调员最需要的能力之一。具体说来，劳动关系协调员应该具备以下几方面的冲突管理能力：

第一，重建信任。

重新建立劳资双方的信任是化解冲突的基本前提。工作场所的任何冲突都有其发展过程，很多冲突都是由于双方的误解所致，要想化解冲突，就一定要逐步减少不信任，重新建立信任。通过劳资双方的坦诚沟通，建立共同遵守的游戏规则。

第二，促进交流。

将劳资双方拉到同一张谈判桌上，是第一要点。一般说来，冲突必须由直接与冲突有关的双方亲自去解决。然而，在发生冲突的初期，劳资双方都不愿意与对方沟通，此时便需要劳动关系协调员将劳资双方拉到同一张谈判桌上。

第三，监督对话。

在冲突的初期，劳资冲突双方很难真正地实现沟通，没有外力的帮助，他们在原有的片面观察问题的基础上极有可能在很短的时间内再度彼此误解，重新爆发冲突。所以在解决冲突的第一个阶段，劳动关系协调员有必要密切监督劳资双方的双向行为。

第四，袒露感情。

若劳资双方不能坦白地说出主观的一些消极的感受（比如失望、愤怒），则不太可能解决冲突。劳动关系协调员需要帮助劳资双方互相袒露感情，使冲突回复到本来的根源上，即具体的需求和利益上去。

第五，正视过去。

仅仅袒露感情还不够，劳动关系协调员需要帮助劳资双方，让他们去找到引起自己消极感受的具体情景或事情，以及具体原因。只有做到这一点，才能找到冲突产生的根源，以解决冲突。

第六，营造双赢。

劳动关系协调员应该帮助劳资双方共同制定一个长远的解决办法，打造双赢局面。让劳资双方习惯于合作，严格遵守制定好的游戏规则，这才是化解冲突的关键步骤。

11. 在冲突管理中，劳动关系协调员应该具有哪些实用技巧？

第一，扩大资源。冲突的产生往往是因为稀缺资源的分配，那么从根本入手，尝试解决这一问题是冲突管理很好的思维方式之一。双方如何各取所需，是否存在资源短缺，如何扩大关键性资源，要创造性地将原先冲突的资源扩大，产生更多的资源。

第二，问题排序。在冲突过程中，要逐渐明晰冲突双方的首要问题和次要问题分别是什么，分析双方关心的问题是否一致，一方的首要问题对于对方来说是否重要，能否将双方关心的问题统一进行处理，找出双方利益的共同点，进而化解问题和矛盾。

第三，相互理解。要知晓对方的目的和价值观是什么，如何在不损害自身利益的情况下尽量去满足对方的需求，进而创造和谐的劳动关系，促进问题的根本解决。

第四，减轻压力。要恰当分析自己的建议和目的会给对方造成何种风险和代价，从对方的角度来思考问题，尽量减低冲突可能产生的风险，减轻风险成本，实现双方共赢。

第五，目标升级。当劳资双方出现冲突以后，要尽量为双方找到一个高层次的共同目标，通过引导冲突双方共同去实现该目标，从而缓和和化解矛盾。一般情况下，该目标不经冲突双方的协作努力是不可能达到的。

第六，谈判。冲突双方选出谈判代表，订定目标底线与期望上限，争取通过谈判的方式来促成冲突双方的协商，促成矛盾的解决。当然，双方要明白天下没有全赢的谈判，退一步海阔天空。

二 劳动标准实施管理

12. 劳动标准的概念是什么？怎么分类？

劳动标准是指对劳动领域内的重复性事物、概念和行为进行规范，以定性形式或者以定量形式所作出的统一规定。

劳动标准按照不同的划分标准，可以分为以下几类：按照内容划分，可以将劳动标准分为工作时间标准、劳动定员定额标准、职业培训标准、工资标准、职工福利待遇标准、职工休假标准、未成年工保护标准、女工特殊保护标准、社会保险标准（养老保险标准、医疗保险标准、失业保险标准、生育保险标准、工伤保险标准）、劳动安全卫生标准等；按照适用范围划分，劳动标准可以分为国家级劳动标准、行业级劳动标准、地方级劳动标准和企业级劳动标准；按照形式划分，劳动标准可以分为法规类劳动标准、技术类劳动标准和规范类劳动标准；按照强制执行效力划分，劳动标准可以划分为强制性劳动标准、指导性劳动标准和约束性劳动标准。

13. 劳动标准的形式有哪些？

劳动标准的形式是指由不同机构制定、认可或变动的，具有不同效力或地位的劳动标准所表现的规范文件形式。

规范性文件有广义和狭义之分。广义的规范性文件是规范性法律文件和狭义的规范性文件的总称。狭义的规范性文件是指法律范畴以外的其他具有约束力的非立法性文件。目前这类非立法性文件的制定主体非常之多，例如各级党组织、各级人民政府及其所属工作部门，法院、检察院、人民团体、社团组织、企事业单位等。

法律性文件包括法律、行政法规、地方性法规（自治条例）、国务院部门规章和地方政府规章。法律性文件按照效力等级一般划分为以下几类：一是法律，是指全国人民代表大会及其常委会指定规范性文件。二是行政法规，是指国务院制定的规范性文件。三是地方性法规，是指具有立法权的地方人大及其常委会制定的规范性文件。四是规章，是指国务院部委和地方政府制定的规范性文件，制定主体包括省（自治区、直辖市）、省和自治区政府所在市和经国务院批准的较大的市的人民政府。

从发布劳动标准的规范性文件的形式来看，劳动标准包括：法律性文件规定的劳动标准，即国家法律、行政法规、地方性法规、规章以及其他法律性规范文件中规定的劳动标准；各级标准化委员会制定颁布的劳动标准；行业性组织制定的劳动标准；区域性、行业性集体合同确定的劳动标准。

14. 怎样收集劳动标准信息？

根据不同用途，不同层级的各部门制定了各种劳动标准，收集劳动标准，可以从以下几个渠道进行：一是法律法规汇编，查阅法律法规汇编是收集劳动标准的最重要途径。法律法规汇编既包括综合性的法律法规汇编如《中华人民共和国法律法规汇编》，也包括劳动法方面的法律法规汇编。二是劳动标准汇编，查阅劳动标准汇编也是收集劳动标准的重要途径，特别是行业标准和技术标准。三是劳动法配套规定汇编，查阅劳动法配套规定汇编是收集劳动标准的重要途径，特别是配套规定。四是法律法规单行本，可以通过法律法规单行本收集劳动标准，重要劳动法律法规一般都出单行本。五是有关报纸、杂志和政府公告，对于新制定和颁布的劳动法规，各有关部门都会在官方网站上进行宣传和说明，有关报纸和杂志也会登载相关的报道，我们可以通过这些方式来获得。六是网络，利用搜索引擎如百度和谷歌，就可以快捷地搜索到多数法律法规以及相关的配套规定，是查找劳动法规、劳动标准的最方便快捷的手段。

15. 怎样整理劳动标准？

整理劳动标准，就是对劳动标准进行分门别类。整理劳动标准的方法很多，主要有以下五种整理方法：

一是按劳动领域内的专业划分整理劳动标准，这样整理劳动标准可以方便查阅者按照劳动标准的类型进行查阅，一般来讲，可以把劳动标准体系划分为就业、工作条件、职业技能开发、劳动关系调整、劳动安全卫生、社会保险、劳动行政管理七类。

二是按劳动标准适用的层次范围整理劳动标准，不同的劳动标准具有不同的适用范围，通过按适用范围划分劳动标准，查阅者可以快速查阅到不同法规的适用层次和范围，可以把劳动标准体系划分为国家级劳动标准、行业级劳动标准、地方级劳动标准和企业级劳动标准四类。

三是从劳动力市场运行程序角度，根据劳动力市场运行程序的各个环节，可以把劳动标准体系划分为进入劳动力市场的劳动标准、劳动力市场运行的劳动标准、退出劳动力市场的劳动标准和劳动力市场管理的劳动标准四个方面的劳动标准。

四是从劳动标准表现形式角度，可将劳动标准体系划分为法规类劳动标准、技术类劳动标准和规范类劳动标准三大类。

五是从劳动标准的作用角度，可以将劳动标准划分为强制性劳动标准、指导性劳动标准和约束性劳动标准三大类。

16. 怎样汇编劳动标准？

汇编劳动标准应当基于使用方便的原则，因此各个用人单位汇编劳动标准的形式并不相同。一般来说，应该分为官方劳动标准和内部劳动标准，以便对照检查。

第一，官方劳动标准分类汇编。

官方劳动标准的分类汇编一般按《劳动法》的体系进行，即将劳动标准划分为劳动就业标准、劳动合同和集体合同标准、工作时间和休息休假标准、工资标准、劳动安全卫生标准、女职工和未成年工特殊保护标准、职业培训类标准、社会保险和福利标准、劳动争议处理标准、劳动监察标准。考虑到无论是法律、法规、规章，还是其他规范性文件，用人单位都需要遵守。为查阅便利，官方劳动标准的分类汇编不要按效力等级进行进一步分类，而应该按内容进一步分类。

第二，内部劳动标准分类汇编。

内部劳动标准分类汇编既要考虑与官方劳动标准的分类汇编对照，又要结合单位内部管理需要。一般来说，内部劳动标准分类汇编应该在官方劳动标准分类汇编的基础上，适当增加一些类别。具体如何增加，应该结合单位实际情况而定。

17. 劳动关系协调员起草用人单位劳动标准前需要做什么准备工作？

起草用人单位的劳动标准，需要综合考虑单位的实际情况，全面收集相关资料，并结合实际制定标准。具体来讲，起草用人单位的劳动标准需要做好以下准备工作：

第一，全面了解单位的劳动标准制定状况。

在起草单位的劳动标准之前，首先需要全面了解单位目前的劳动标准的制定状况。若单位有劳动标准汇编，那么参考劳动标准汇编即可；若单位并没有系统地整理过内部劳动标准，那么还需要对劳动标准进行系统的整理汇编。

第二，全面收集劳动标准。

全面了解单位的劳动标准制定状况后，需要全面收集现有的相关的劳动标准，包括国家级劳动标准，行业级劳动标准，地方级劳动标准以及可供参考的其他劳动标准。收集劳动标准的途径包括法律法规汇编、劳动标准汇编、劳动法配套规定汇编、法律法规单行本、报纸和政府公告以及网络等。

第三，确定单位劳动标准的制定空间。

在全面收集上级劳动标准之后，才能够确定本单位劳动标准的制定空间。由于用人单位处于市场微观范畴，面对的是各种纷繁琐细的工作，不同用人单位的具体情况也存在很大差异，因此在国家、行业、地方的劳动标准没有规定或是规定不详细的地方，用人单位要结合实际制定并执行本单位劳动标准，使劳动标准更具有可操作性。

18. 用人单位制定劳动标准有什么内容限制？

所谓内容限制是指用人单位制定劳动标准必须符合国家、行业、地区强制性劳动标准的规定，所设定的具体标准不能低于国家、行业、地区强制性劳动标准所设立的底线。

第一，内容合法。

用人单位劳动标准必须合法，不得有违反法律强制性规定的内容。如果存在违反法律法规强制性规定的内容，这部分内容是无效的。

第二，结构完整。

用人单位劳动标准应该结构完整，应有罚则。用人单位劳动标准旨在维护其正常经营秩序，规范员工的行为，因此应该有相应的处罚规定。否则，劳动标准就会形同虚设，起不到实际效果。用人单位劳动标准可以规定的对于员工的处罚方式通常有书面警告、记过、扣工资或奖金、降级或降职、降薪、停工、辞退等。

第三，规定全面。

用人单位劳动标准规定应该全面，不仅要有有关日常管理方面的规定，还应该包括录用员工和辞退员工的规定。例如，应该对录用员工过程中的招录条件及事先制作、公布及在事后保留“录用条件”的方法作出规定，以减少试用期辞退的风险。再如，用人单位劳动标准可以对“严重违反劳动纪律或者用人单位规章制度”的行为作出具体规定，也可以对“重大利益损害”进行界定，以便辞退违纪员工时减少损失。当然，制定这些劳动标准时，应该注意常识和合理性，避免过于苛刻而“显失公正”。

19. 用人单位怎样制定劳动标准？

用人单位制定劳动标准，需要按照一定的程序进行，遵守有关法律、法规规定，广泛听取单位职工的意见。具体来讲，用人单位制定劳动标准需要按照以下程序进行：

第一，通过规章制度制定劳动标准的程序规范。

首先，要对规章制度进行合法性审查。规章制度初稿起草完成以后，应该进行合法性审查，检查是否存在违反劳动法律法规的内容。

其次，要广泛听取单位职工的意见，积极开展协商。根据《劳动合同法》第四条规定，一般认为，以下程序可以视为协商程序：一是召开职工大会或者职工代表大会通过。二是由企业工会参与制定。三是如果既未召开职工大会或者职工代表大会，也未设立工会，则应通过适当方式，在制定规章过程中使职工有提出意见、建议的权利，并且职工的建议和意见应充分反映在规章制定过程中。需要指出的是，在协商过程中，用人单位要注意保留职工代表大会或者全体职工讨论的纪要或记录，并由参加人员或记录人员签名保留作为证据，同样也要保留由工会或者职工代表平等协商过程的纪要或记录。

再次，要将劳动标准草案进行公示或告知。经过与工人或职工代表大会协商程序之后的劳动标准草案要进行公示或告知程序，这也是法定程序。《劳动合同法》第四条规定，用人单位应当将直接涉及劳动者切身利益的规章制度和重大事项决定公示，或者告知劳动者。用人单位规章制度公示中应注意保留已经公示的证据。以下方法可以达到这样的效果：一是将规章交由每个职工阅读，并且在阅读后签字确认。阅读规章的签字确认，可以通过制作表格进行登记，也可以制作单页的声明由职工签字，内容包括职工确认“已经阅读”并且承诺“遵守”。二是在厂区将规章内容公告，并且将公告的现场进行拍照、录像等方式的记录备案，并可由厂区的治安、物业管理等人员见证。三是召开职工大会公示，并以适当方式保留证据。四是委托工会公示，并保留证据。

最后，要对劳动标准进行备案。备案是规章制度制定程序的最后一步程序，也是附加程序，该程序不影响规章制度的效力。原劳动部《关于对新开办用人单位实行劳动规章制度备案制度的通知》规定，用人单位劳动规章制度应该送交劳动行政部门审查备案。

第二，通过集体合同制定劳动标准的程序规范。

首先，要制定集体合同草案。集体合同应由工会代表职工与用人单位签订，没有建立工会的用人单位，由职工推举的代表与用人单位签订。一般情况下，各个用人单位应当成立集体合同起草委员会或者起草小组，主持起草集体合同。

其次，要将集体合同草案文本提交职工大会或职工代表大会审议。职工大会或职工代表大会审议时，由企业经营者和工会主席分别就协议草案的产生过程、依据及涉及的主要内容作说明，然后由职工大会或职工代表大会对协议草案文本进行讨论，作出审议决定。

再次，集体合同双方签字。集体合同草案经职工大会或职工代表大会审议通过后，由双方首席代表签字或盖章。

最后，将集体合同进行登记备案。集体合同签订后，应将集体合同的文本及其各部分附件一式三份提请县级以上劳动行政主管部门登记备案。劳动行政部门有审查集体合同内容是否合法的责任，如果发现集体合同中的项目与条款有违法、失实等情况，可不予登记或暂缓登记，发回企业对集体合同进行修正。如果劳动行政部门在收到集体合同文本之日起 15 日内，没有提出意见，集体合同应发生法律效力，企业行政、工会组织和职工个人均应切实履行。

此外，集体合同一经生效，企业应及时向全体职工公布。

第三，通过劳动合同样本确立劳动标准的程序规范。

用人单位通过劳动合同样本确立劳动标准，在程序上没有严格要求。一般是用人单位自行或委托有关专业咨询机构，参考有关劳动合同范本，制作出用于与劳动者签订劳动合同的格式文本，并将用人单位有关工作时间、工资、福利、补充保险、劳动保护、岗位职责要求等内容纳入劳动合同格式文本之中。但是需要指出的是，用人单位通过劳动合同格式文本形式确立的劳动标准并不立即对劳动者生效，而需要经劳动者签字认可方可生效。其签订应遵循劳动合同签订的程序要求。

20. 怎样宣传劳动标准？

制定好劳动标准之后，要使劳动标准发挥好作用，需要对劳动标准做好宣传。劳动标准的宣传工作要注意把握宣传的对象和内容，重视宣传的方式和技巧。同时，为了检查宣传效果，还可以制订计划对宣传工作进行评估。具体来说，做好劳动标准宣传工作可以从以下几个方面着手：

第一，找准宣传的对象和内容。

劳动标准宣传的对象主要有两大类：一是用人单位方的对象，包括企业的法定代表人、总经理、部门负责人、车间负责人、人力资源管理部门的工作人员等。对他们的宣传，应以用人单位如何履行劳动标准所确定的义务、如何在合法的前提下正确行使用工管理的权限、如何正确处理其与职工之间就执行劳动标准产生的纠纷和争议为重点。二是职工，既包括从事一线生产经营的职工，也包括第一类对象中的部分管理人员。对职工宣传基本劳动标准的重点应当是劳动基准的内容、劳动者如何向用人单位表达或依法主张自身的权利诉求和利益诉求，以及劳动者应履行的法定义务等。

第二，宣传劳动标准应注意的方式和技巧。

首先，通过书面方式进行宣传。书面方式主要是指编辑并发放劳动标准宣传材料。在进行书面材料宣传时，要提高书面宣讲材料的实用性和实际效果，必须注意书面宣讲的技巧。从宣传材料的内容来看，既可以是全面介绍劳动标准，也可以是围绕或选取某一方面进行介绍；从宣传材料的编辑方式来看，应通过丰富多样的形式来增加资料的针对性和趣味性，如采取案例评析、一问一答以及漫话、插图等图文并茂的方式进行宣传，使劳动标准的内容更加通俗、直观、易于理解和掌握；从宣传资料的发放形式和手段来看，既可以印成小册子发给职工，也可以印成较大的宣传画张贴在生产经营场所，还可以在单位的网站、简报、厂刊厂报上刊登，以方便各类宣讲对象接受。

其次，以口头方式进行宣传。口头方式主要包括现场宣讲、会议宣讲和讲课宣讲三种形式。现场宣讲是指到工作场所进行宣讲，通常适用于某一车间、某一部门在执行劳动标准时，存在疑义或者不同意见的情形。会议宣讲是指召开劳动标准宣讲会议，通常是针对某一具体用人单位或同一行业、区域的。

再次，用人单位针对执行劳动标准中存在的问题而召开培训宣讲活动。培训宣讲活动是指开办劳动标准培训班，通过课堂讲授等培训方式宣讲劳动标准，通常适用于围绕某一劳动标准法律法规进行全面细致的解读，宣讲对象可以来自一个单位，也可以来自多个单位。

第三，宣传效果的评估。

科学地评估劳动标准宣传的效果，有利于今后进一步加强和完善劳动标准宣讲工作。宣传效果评估的方式包括个别面谈、集体座谈、电话调查、问卷调查等方法。

21. 怎样评估劳动标准的宣传效果?

科学地评估劳动标准宣传的效果，有利于今后进一步加强和完善劳动标准宣讲工作。

宣传效果评估的方式包括个别面谈、集体座谈、电话调查、问卷调查等。面谈、座谈、电话调查这些评估方法的优点在于可以与调查对象进行即时沟通，掌握活情况，但缺点是主观性强，参与面受限，可能以偏概全；问卷调查既可以发放纸质问卷，也可以通过在单位网站上以网上调查的方式进行，其优点是参与面广，客观性强，但由于缺乏互动，难以掌握活情况。

关于评估宣传效果的具体衡量尺度，可以采取 4 分法（优秀、良好、一般、差），也可以采取 10 分法（1 到 10 分）。这种评估易于进行，是最基本、最普遍的评估方式。

22. 怎样进行劳动标准的咨询?

当企业的人力资源管理人员、基层工会工作人员以及劳动者面临执行劳动标准的具体问题，包括产生争议和纠纷时，通常需要向劳动关系协调员进行咨询，因此提供及时到位的咨询非常重要和必要。咨询的方式主要有：

一是现场咨询。现场面对提出咨询的人回答问题是一种经常使用的咨询方式。现场咨询可以是专门的现场咨询活动，也可以通过接待来访的方式进行。现场咨询的优点是互动性强，但受距离和地理位置的限制。

二是电话咨询。优点是快捷方便而又经济，不受距离和地理位置的限制。电话咨询可以通过设立专门的咨询热线电话进行，也可以通过咨询人员自己的电话进行。前者可以由县级以上工会等相关组织提供，后者则可由企业的员工关系工作人员和工会工作人员提供。

三是信件咨询。需要咨询的人通过信件（包括邮件）提出问题，咨询人员给予回信答复。邮件咨询的优点是不受居住条件限制，于那些不善于口头表达或较为拘谨的人来说是一种较易接受的方法。但咨询效果会受双方的书面表达能力、理解力和个性特点的影响。

四是网上互动咨询。利用 QQ 等软件在专门网站上开辟互动咨询通道，可以随时在线提供咨询，也可以提前预约提供咨询。通过网络，提出咨询的人能够真正全面地表达自己的意思，从而使咨询人员能够在尽可能短的时间内掌握对方的基本情况，作出分析判断，并可以通过交谈不断矫正其分析判断，最后作出对方满意的回答。

23. 怎样实施用人单位劳动标准？

一是确立企业战略和目标。

企业战略描述了企业的发展目标，是企业行动的向导，引领企业制定劳动标准的方向。而劳动标准实质上也是企业战略顺利实施、目标得到实现的重要工具。企业战略是随着企业所处的发展阶段的不同而变化的，在企业不同的发展阶段，需要相应的劳动标准予以配合。因此，在制定和实施企业的劳动标准之前，要首先明确目前企业的战略和目标，为制定和实施劳动标准确立核心思想。

二是贯彻执行上级劳动标准。

由于法律法规的约束，在实施企业自己的劳动标准前，要首先保证企业已经全面实施了国家和地方制定的基本劳动标准，贯彻执行了国家级推荐或建议标准，贯彻执行了行业和地方推荐或建议标准。否则，企业很容易面临法律风险。

三是制定和实施本单位劳动标准。

企业处于市场微观范畴，面对的是各种纷繁琐细的工作，不同企业的具体情况也存在很大差异，因此在贯彻国家、行业、地方的劳动标准的基础上，企业要结合实际制定并执行本单位劳动标准，使劳动标准更具有可操作性。

24. 怎样调查用人单位劳动标准实施情况？

第一，问卷法。

问卷法是根据检查目标制作问卷，然后发放问卷请有关人员回答，最后收回问卷汇总分析的调查方法。

第二，访谈法。

访谈是访谈人员就某一问题与访谈对象，按事先拟订好的访谈提纲进行交流和讨论。为了保证访谈效果，一般要事先设计访谈提纲，事先交给访谈者准备。

第三，观察法。

观察法是通过观察全面了解情况的过程，这种方法的长处在于比较省时省力。在进行观察时，要注意观察和记录的客观性，避免对被观察人员的工作产生不必要的干扰；要选择有代表性的对象，劳动标准执行太好或太差的人或单位都不是理想的选择。

第四，关键事件法。

关键事件法是按照一定的标准选取劳动标准执行好的和差的样本作为研究对象，寻找造成差异的关键事件及其发生过程和原因。在收集这些关键的事件时，可以采用样本分析与观察，采用访谈等方法。

25. 怎样检查用人单位劳动标准的实施情况?

检查用人单位劳动标准的实施效果，可以通过自查和配合国家相关劳动管理部门检查两种方式进行。

第一，自查。

自查的形式分为自查报告、自查报表两种。自查报告，就是以书面报告的形式，针对劳动监察、安全生产监督管理、社会保险征缴和社会保险稽核制度的要求，对本单位落实以劳动法律法规为核心的劳动标准的情况进行自我检查和总结。撰写自查报告，首先应该搜集本单位劳动标准的执行情况及存在的问题。在此基础上，对有关情况和问题进行分类和总结。最后是撰写自查报告。自查报告一般包括三部分，一是存在的问题，二是产生问题的原因，三是解决问题的对策建议。

自查报表，就是以报表的形式，针对劳动监察、安全生产监督管理、社会保险征缴和社会保险稽核制度的要求，对本单位落实劳动标准的情况进行自我检查和总结。自查报表一般以对比的形式表现本单位落实劳动标准的情况，包括三类栏目，一是劳动标准，二是本单位情况，三是劳动标准和本单位情况的对比（结果一般以达标或合格、基本达标或合格和未达标或不合格表示）。

从检查范围来看，自查的方法可以分为普查和抽查两种；从检查时间来看，自查的方法可以分为事前自查和事后自查两种；从主动性来看，自查的方法可以分为主动自查和被动自查。

普查。就是全面检查，包括对普查资料的搜集、数据汇总、资料评价、分析研究、报告等全部过程。普查应该统一筹划和部署，统一内容、时间和调查方法，以保证资料的准确性和可靠性。

抽查。即抽样检查，是指检查人员在执行检查程序时，从被查对象总体中按照一定的方法，有选择地抽选一定数量的样本进行测试，并根据测试结果，推断总体特征的一种方法。

事前自查和事后自查。事前自查就是在国家相关劳动管理部门检查之前进行自我检查，事后自查就是在国家相关劳动管理部门检查之后进行自我检查。

主动自查和被动自查。主动自查是用人单位为了提高社会声誉、避免行政执法处罚及减少劳动争议而采取的主动性自我检查，被动自查是用人单位根据劳动用工年检工作制度要求及其他法律法规和政策规定所进行的自我检查。

第二，配合国家相关劳动行政部门的检查。

配合国家相关劳动行政部门检查，需要根据相关劳动行政部门的要求做工作，在配合检查时，要注意以下要点：

一是要填写相关年检报表。建立劳动用工年检工作制度是劳动行政部门对用人单位遵守劳动纪律、法规情况进行全面监督检查的一项重要措施，是劳动监察执法的一项有效形式。

二是报送书面材料。报送书面材料是配合国家年检及其他有关检查的主要工作。劳动用工年检书面材料的内容主要是用人单位遵守劳动法律、法规的情况，重点是用人单位制定劳动管理规章制度的情况、使用劳动者签订和履行劳动合同的情况、遵守最低工资和工资支付规定的情况、遵守工作时间及休息休假规定的情况以及遵守社会保险规定的情况。

三是配合劳动监察报送相关材料。根据劳动监察工作的要求，收集、整理、汇总相关监察材料，并按要求在规定时间内将资料报送相关内容。

四是配合劳动监察的其他工作。配合劳动监察的其他工作主要包括：为劳动保障监察员进入劳动场所进行检查提供方便；提供有关人员的情况；提供与调查、检查事项相关的文件资料，并作出解释和说明；为劳动保障监察员采取记录、录音、录相、照相或者复制等方式收集有关情况和资料提供便利等。

26. 怎样分析用人单位劳动标准实施情况？

获得用人单位劳动标准实施情况的具体信息后，就要开始分析用人单位劳动标准的实施情况。主要采用对比分析法，即是把客观事物加以比较，以达到认识事物的本质并作出正确的评价。在对比分析中，选择合适的对比标准是十分关键的步骤。

第一，计划标准。

分析用人单位劳动标准实施情况，首先要分析用人单位制定的劳动标准是否得到了很好的贯彻和执行，这就要将用人单位具体的实施情况与制定的劳动标准相比较。比如说，将调查得到的用人单位发放工资的情况与制定的薪酬福利标准相比较，分析用人单位的薪酬福利标准是否得到了很好的实施。

第二，强制性标准。

由于强制性劳动标准具有强制执行性，用人单位必须依据相关规定贯彻实行，用人单位一旦违反，将会依法受到国家强制力的制裁，比如责令改正、限期执行、行政处罚、吊销营业执照、责令赔偿损失等。因此，很有必要将用人单位劳动标准具体的实施情况与强制性劳动标准相比较，分析用人单位是否达到了法律法规规定的标准。

第三，空间标准。

空间标准即选择不同空间指标数据进行比较。由于强制性标准具有概括性和普遍性，而且是最低标准，因此用人单位有很大的自行制定劳动标准的空间，这时就需要进行横向比较，将用人单位劳动标准具体的实施情况与同地区同行业其他用人单位相比较，分析用人单位劳动标准的实施水平和合理性。例如，通过比较分析同行业的薪酬福利标准，可以知道用人单位自身薪酬福利标准在整个行业内的外部竞争性大小。

27. 怎样评估用人单位劳动标准实施效果?

第一，基于经济效益的评估。

基于经济效益的评估包括综合经济效益评估的一般方法、经济效益指标体系法、绩效审计法。综合经济效益评估的一般方法分为以下三种：一是打分排队法。这是国际货币基金组织用于评价各个国家竞争能力大小的一种方法。在企业经济效益评价时，主要用于多个企业经济效益综合评价的排序。二是综合指数法。是指将每项指标实际值与标准值进行比较，计算各项指标的个体指数，再加权平均计算综合指数的方法。三是功效系数法。是指利用特定的方法，将每一个指标的实际值转化为百分制表示的分数，再汇总计算进行企业经济效益综合评价的方法。

经济效益指标体系法是 1997 年国家统计局、国家计委和国家经贸委与其他有关部门联合提出的方法，这套指标体系包括七项指标，分别为：总资产贡献率、资产保值率、资产负债率、流动资金周转率、成本费用利润率、全员劳动生产率、产品销售率。

绩效审计法包括经济审计、效率审计和效果审计三种方法，也称三E审计，是指由独立的审计机构或人员，依据有关法规和标准，运用审计程序和方法，对被审单位或项目的经济活动的合理性、经济性、有效性进行监督、评价和鉴证，提出改进建议，促进其管理、提高效益的一种独立性的监督活动。

第二，基于人力资源管理水平的评估。

基于人力资源管理水平的评估包括指标性评估和总体性评估。指标性评价即基于重要人力资源管理指标的变化，评价用人单位劳动标准的实施效果，一般包括以下几个方面：一是是否增强了最高管理层的决策能力和组织能力。二是是否改进优化了系统绩效功能，提高了组织运行速度。三是职工是否具有了持续改进的动力。四是引导职工调整职业生涯规划和提升职业素质的目标是否实现。五是优胜劣汰的机制是否形成。六是职工的自我管理能力能否提高。

总体性评价即基于人力资源管理系统的总体效益，评价用人单位劳动标准的实施效果。评价人力资源管理系统的总体效益，一般从人力资源管理系统的适应性、执行性和有效性三个方面进行。适应性是对人力资源管理系统内外部协调的反映。执行性反映企业人力资源管理系统的内部运作情况，本书把内部运作中的协调划到适应性中评价，因此，这里的执行性主要是从时间、成本和质量角度反映人力资源管理活动的效率。有效性反映企业人力资源管理活动的效果，对企业人力资源管理有效性的评价包括职工满意度和组织满意度两个方面。

第三，基于劳动关系的评估。

基于劳动关系的评估包括评估劳动合同的规范性、劳动基准法的遵守情况、劳动关系协调机制的运行状况、职工职业技能和文化生活情况。劳动合同的规范性包括劳动合同签订率，劳动合同内容是否全面、合法，劳动合同签订、续签、解除和终止等各个环节是否管理完善、程序规范，有无违反劳动合同的现象等。

劳动基准法的遵守情况包括是否按月足额发放职工工资，且不低于劳动合同约定的工资和当地政府规定的最低工资标准；是否按规定支付职工超时加班加点工资；企业和职工是否依法参加养老、医疗、工伤、失业、生育等五项社会保险，按时足额缴纳社会保险费；是否严格按照劳动保障法律法规的要求，执行工时和休息休假制度；是否依法建立职工住房公积金制度，按时足额为职工缴纳住房公积金；是否依法维护女职工特殊利益和未成年工合法权益；是否建立健全安全生产和职业卫生台账制度，认真执行安全生产各项规程等。

劳动关系协调机制的运行状况包括是否建立健全平等协商集体合同制度，且集体合同内容合法、程序规范、续签及时；是否依法开展工资集体协商并签订工资协议，且每年定期进行工资集体协商、职工工资随企业效益增长而同步增长；是否有因职工劳动权益受侵犯而提起劳动争议仲裁、诉讼，以及劳动保障监察部门立案查处的案件等。

职工职业技能和文化生活情况包括是否重视职工培训，并且按规定提取职工教育经费；是否有职工活动场所，经常开展职工文化体育活动，活跃职工业余文化生活；是否重视职工生活保障工作，有无重大食物中毒和群发性传染病疫情发生等。

28. 怎样进行用人单位劳动标准实施情况评估？

对用人单位的劳动标准实施情况进行评估，首先要组织建立评估小组，在综合考虑各方面利益的基础上，按照评估程序开展评估工作。

第一，组织评估小组。对用人单位劳动标准实施情况进行评估，首先要组成评估小组，确立评估人员。评估人员应当来自不同的部门，有着不同的背景，代表不同的利益，这样可以形成互补，做到公正透明。

第二，具体的评估程序。

一是明确评估事项。评估事项一般包括人力资源规划标准实施状况的评估、招聘与配置标准实施状况的评估、培训与开发标准实施状况的评估、薪酬管理标准实施状况的评估、绩效管理标准实施状况的评估、劳动安全卫生管理标准实施状况的评估、劳动关系管理标准实施状况的评估。对劳动标准实施情况的评估可以是全面评估，也可以是对其中某一方面进行评估。

二是制订评估方案。评估方案的内容涵盖现场调查、收集评估资料、起草评估报告等评估业务实施全过程，通常包括评估的具体步骤、时间进度、人员安排和技术方案等内容。评估人员可以根据评估业务具体情况确定评估计划的繁简程度。

三是现场调查。评估人员可以通过询问、函证、核对、监盘、勘查、检查等方式进行调查，获取评估业务需要的基础资料，了解评估对象现状。在执行现场调查时无法或者不宜对评估范围内所有有关内容进行逐项调查的，可以根据重要程度采用抽样等方式进行调查。评估人员可以根据评估业务需要和评估业务实施过程中的情况变化及时补充或者调整现场调查工作。

四是收集评估资料。评估人员可以根据评估业务具体情况收集评估资料，并根据评估业务需要和评估业务实施过程中的情况变化，及时补充收集评估资料。收集的评估资料包括直接从市场等渠道独立获取的资料，从相关当事方获取的资料，以及从政府部门、各类专业机构和其他相关部门获取的资料。

五是起草评估报告。评估人员在完成资料收集程序后，开始起草评估报告。评估报告包括对现存问题，解决方案以及解决方案的可行性分析。

29. 影响劳动标准实施的因素有哪些？

在劳动标准的实施过程中，有一些因素可能会对其实施效果造成影响，这些影响因素包括以下几类：

第一，劳动监察的力度。

劳动监察，是指劳动行政部门依法对用人单位遵守劳动法律、法规的情况进行监督检查，并对违反劳动法律、法规的行为进行制止、责令改正和给予处罚的具体行政行为。劳动监察可以监督检查现行劳动法律、法规所确定的劳动标准在用人单位的贯彻落实情况，是保证法定劳动标准得以贯彻实施的重要手段。劳动监察力度的大小，会对劳动标准的实施情况造成影响。

第二，劳动标准的制定。

劳动标准的制定也会对劳动标准实施效果造成影响。一方面，劳动标准的制定过程可能影响劳动标准的实施效果。用人单位劳动标准的制订程序必须具备其合理性，劳动标准的制定程序不合理将难以得到企业管理人员和职工的支持，其实施效果难以保障。劳动标准制订程序的合理性可以从两方面来衡量：一是要注意劳动标准的制订方式，要在充分汲取职工意见的基础上制订劳动标准，特别要采用“由下至上”的制订方式而不是“由上至下”的制订方式；二是制订劳动标准的过程中要注意得到基层职工的支持，以增强劳动标准的职工基础，从而更容易得到落实。

另一方面，劳动标准的可操作性直接决定劳动标准的实施效果，一个劳动标准不具备可操作性，其是否能实施下去都是疑问，就更难谈及实施效果了。因此，用人单位要根据自身的经营状况和生产特点制订符合自身实际的劳动标准。同时，劳动标准条款的表述要清晰、具体行为的描述要准确细致，并保证语言必须严密。

第三，用人单位的经营情况。

一般来说，如果用人单位的经营状况良好，盈利性较强，那么该用人单位劳动标准的实施情况就会较好。因为这种用人单位有能力、有资金去执行法律规定的甚至是远远高于法律规定的劳动标准，而对于那些经营状况较差，连自身盈利都不能实现的用人单位而言，它们只有通过削减成本获得更多利润，从而很难有效地施行劳动标准。

第四，劳动力供求关系。

如果劳动力市场是处于供大于求的状态，那么用人单位就处于优势地位，用人单位劳动标准的实施状况往往不好，因为他们不需要靠高劳动标准来吸引和留住职工；而如果劳动力市场是处于供小于求的状态，那么劳动者就处于优势地位，劳动者就可以选择“用脚投票”，此时用人单位劳动标准的实施状况一般较好，因为他们需要靠此来吸引和留住劳动者。

30. 调整或修改用人单位劳动标准应该注意哪些问题？

一个单位的劳动标准制定以后，对于公司内部人员来讲，其就具有了约束力，需要大家在日常生活中去遵从。因此，调整或修改劳动标准，需要注意其必要性和可行性。具体来说，一般需要注意以下几点：

第一，调整或修改的必要性与可行性评估。

在调整或修改某一劳动标准之前，一定要先对该劳动标准的实施情况进行评估，使用问卷法、访谈法或是观察法，判断其是否确实不合理，为什么不合理，有多少职工迫切想要修改这一劳动标准等。

第二，调整或修改内容的可行性分析。

调整或修改方案的可行性研究的内容及侧重点因行业特点而差异很大，但一般应包括以下内容：一是技术可行性。主要从方案实施的技术角度分析方案的可行性，避免方案流于形式。二是财务可行性。主要从投入产出的角度，从企业理财的角度进行资本预算，评价方案的财务效果，进行决策。三是社会可行性。主要分析方案的社会影响，避免违反政策、法律、道德等。四是风险因素及对策。主要对方案的技术风险、财务风险、法律风险及社会风险等风险因素进行评价，制定规避风险的对策，为方案全过程的风险管理提供依据。

第三，职工接受度的把握和评估。

为了保证职工的接受度，一定要对调整和修改的方案进行征求职工意见。劳动标准调整或修改完毕后，首先，要送与有关的各主管部门征求意见或召开座谈会，按返回的意见修改后，再将政策方案送各有关部门征求意见。如此往返几次，直至各部门没有意见，或者没有新的意见为止。其次，征求职工或工会的意见。对职工或工会提出的意见，应慎重考虑、反复推敲。如果提出的意见有道理就虚心采纳，重新研究修改方案。再次，还可以咨询有关专家学者，以听取他们的意见和反映，进一步完善方案文本。

31. 怎样收集相关单位劳动标准实施经验？

相关单位劳动标准实施经验的收集方法一般包括考察访问、报纸、杂志收集和网络收集。这些方法各有利弊，应该结合使用。

第一，考察访问。

考察访问即直接去实施劳动标准比较好的相关单位学习。通过索取资料、现场观察、座谈等方式，学习其劳动标准及其实施经验。该方法的优点是可靠，也可以得到活情况，并且可以针对某些疑惑进行提问。其缺点是动用人力较多，也需要较大财力，并且需要较长的时间。

考察访问应该首先选好对象单位。一般来说，应该选择与本单位相似的单位，包括业务、性质、规模等，否则没有借鉴意义。其次，应该事前制订访问计划。考察访问，要制订周密的访问计划，包括访问的时间、考察的内容、提问的问题等。最后，应该注意索要资料和记录。

第二，报纸、杂志收集。

报纸、杂志收集。该方法的优点是比较经济，信息量也比较大，并且相对可靠。缺点是相对费时，也无法提问、得不到活情况。

第三，网络收集。

网络收集。该方法的优点是快速、经济、信息量大。缺点是可靠性差，也无法提问，得不到活情况。网络收集应该注意比较不同信息来源的资料，并且与报纸杂志收集的资料核对，尽量避免信息错误。

32. 劳动保障监察制度是什么？

劳动保障监察是指享有监察权的国家专门行政机关对用人单位执行劳动法律、法规的情况依法进行监督检查的活动，以确保劳动法律制度的贯彻实施。劳动监察制度主要规定劳动监察机构及其职权、劳动监察机构及其职权、劳动监察范围、劳动监察程序等内容。

劳动监察制度是监督检查劳动基准实施情况、保障劳动者基本权利的主要方式。根据国际劳工组织《劳动监察公约》的规定，劳动监察包括职业卫生、劳动安全和劳动关系三个方面的监督检查职能。目前在中国，上述三项只能分别由职业卫生监察部门、安全生产监察部门和劳动保障监察部门三个机构形式。

自1993年以来，我国逐步建立了劳动保障监察制度。2004年11月1日，国务院发布了《劳动保障监察条例》，劳动保障监察的法律依据从部门规章上升为行政法规，标志着我国的劳动保障监察进入了一个新的发展阶段。

33. 劳动保障监察的程序是什么？

第一，立案。劳动保障监察立案是劳动行政部门决定对劳动保障监察案件进行调查处理的活动，是案件调查处理开始的标志，是每个案件处理都应经过的法定阶段。劳动保障监察立案的案件来源主要有三个渠道：一是劳动行政部门在开展日常巡视检查、专项执法检查和审查用人单位报送的书面材料等主动执法时发现的违法行为；二是接受举报投诉获得的违法线索；三是上级机关交办、有关部门移送、下级机关报送的用人单位违反劳动保障法律、法规或者规章行为的材料反映的违法问题。

第二，调查与检查。违反劳动保障法律、法规或者规章行为立案后，劳动行政部门应按规定指派监察人员对案件进行调查和检查。

第三，处罚与处理。劳动行政部门在法律规定期限内调查完成后，应当根据调查的事实和相关的法律规定，对案件作出相应的行政处罚和处理。

第四，执行。根据《行政处罚法》的规定，依法作出行政处罚决定后，当事人应当在行政处罚决定的期限内，予以履行。当事人对行政处罚决定不服申请行政复议或者提起行政诉讼的，行政处罚不停止执行，法律另有规定的除外。根据最高人民法院的司法解释，如果用人单位不服行政处理决定和行政处罚决定，在法定期限内不申请行政复议或不起诉，又不履行的，劳动行政部门可根据有关规定，在决定起诉期限届满之日起 180 日内向人民法院申请强制执行。

第五，相对人的权利保护与救济措施。相对人的权利保护与救济措施包括申请听证、申请行政复议和提起行政诉讼。

34. 劳动保障监察的方式有哪些?

第一，主动监察。主动监察是指劳动行政部门按照其职权，根据工作计划安排，对用人单位遵守劳动保障法律、法规和规章情况进行检查的行政执法活动。主动监察包括日常巡视检查、书面审查和专项检查等三种方式。

第二，投诉举报。投诉举报是我国劳动保障监察发现用人单位违法行为的重要方式之一。

第三，特别监察。特别监察是指基于案件性质、社会影响等因素而按照专门工作要求实施的劳动保障监察方式，主要是对于重大劳动保障违法案件的查处和报告制度。重大劳动保障违法案件一般是指“违法性质恶劣、情节严重、社会危害性极大、社会影响极坏”的重大违反劳动保障法律法规的案件。上一级劳动行政部门会参与下级劳动监察机构的重大案件查处。对在全国范围有重大影响的重大案件，人力资源和社会保障部负责指导、协调和监督。

案例："工间休息"引发的劳动争议

某工业企业有三个生产车间，在职工的反复呼吁下，企业和职工代表经过反复磋商，签订了企业有史以来的第一份集体合同。集体合同主要包含两项内容，一项是工作日的上下午各增加 15 分钟的工间休息，此休息时间计入工作时间；二是企业职工的工资不得低于1500 元。

后来，企业因生产需要，增设一个车间，并新招收了 30 余名职工，与每名职工都签订了劳动合同，约定月工资 1800 元。由于新车间刚成立，职工都是新手，事务纷繁复杂，企业没有给新车间的职工安排工间休息。时间一长，新车间的职工产生了疑惑，为什么别的车间职工可以工间休息，新车间却没有呢?

当新车间职工了解到集体合同内容后，向企业提出了工间休息的要求。企业的解释是：不能孤立看待集体合同的条款，集体合同除了约定了工间休息的内容外，还约定了 1500 元的工资，新车间的员工工资都超过了 1500 元的标准，就是考虑到不再进行工间休息。企业表示，如果新车间职工非要要求工间休息，那只能把每名职工的工资降为 1500 元。

由于新车间的职工与资方就工间休息问题相持不下，便向企业工会反映了这个问题。企业工会了解到新车间的情况后，请求负责该企业劳动关系协调的劳动关系协调员帮忙处理这个问题。

劳动关系协调员经过前往企业进行实地调查，并分别与企业行政方、企业工会以及老车间和新车间的部分职工进行访谈。经过调查，劳动关系协调员了解了企业的实际情况。劳动关系协调员认为，依法签订的集体合同对企业和企业的全体职工具有约束力。因此，集体合同的条款不但适用于老职工，也适用于新职工。新车间的职工虽然没有参与集体协商，但从他们入职第一天开始，就享受集体合同约定的权利，即和其他车间职工一样享受每个工作日上下午各15分钟的工间休息，企业不应该厚此薄彼。

同时，劳动关系协调员表示，按照《劳动法》的规定，职工个人与企业订立的劳动合同中劳动条件和劳动报酬等标准不得低于集体合同的规定。由此可见，集体合同具有确定劳动条件和劳动报酬最低标准的效力，职工个人与企业之间签订的劳动合同中关于劳动条件和劳动报酬的标准不得低于集体合同的规定，但是可以高于集体合同规定的标准。新车间职工的工资为1800元，高于集体合同规定的1500元，是完全符合法律规定的。

按照集体合同的规定，新车间职工应当享受工间休息，工间休息不能作为降薪的理由，即工间休息不能置换为劳动报酬的一部分，企业应当无条件满足新车间职工提出的享受工间休息的要求。

劳动关系协调员积极向企业行政方进行相关法律教育，并结合实际情况，为企业管理者介绍了和谐劳动关系对于促进企业生产的重要性，并通过企业工会对部分情绪比较激动的职工进行了安抚，最终使得新车间职工享受到了与老车间职工同样的工间休息待遇，并约定在下一次签订集体合同的时候对企业职工工资进行统一调整，促进了问题的解决。

三　劳动合同管理

35. 什么是劳动合同，劳动合同分为哪些种类？

劳动合同，亦称劳动契约或劳动协议。《劳动法》第十六条规定：劳动合同是劳动者与用人单位确立劳动关系、明确双方权利义务的协议。

根据不同的划分标准，劳动合同可以划分为不同种类。按照劳动合同的期限划分，劳动合同可分为固定期限劳动合同、无固定期限劳动合同和以完成一定工作任务为期限的劳动合同。

按照用工形式划分分，劳动合同可分为一般劳动合同和特殊劳动合同。一般劳动合同是指劳动者和用人单位在正常情况下，按照一般的劳动时间和劳动条件所达成的关于双方权利义务关系的协议。它是通常形式下的劳动合同，是全日制的和直接的劳动合同。特殊劳动合同主要包括非全日制劳动合同和劳务派遣劳动合同两种。非全日制劳动合同是指劳动者和用人单位签订的，以小时计酬为主，劳动者在同一用人单位一般平均每日工作时间不超过四小时，每周工作时间累计不超过 24 小时的特殊形式的劳动合同。劳务派遣劳动合同是指劳务派遣单位（用人单位）和派遣劳动者签订的劳动合同。合同签订后，劳务派遣单位将受派遣劳动者派遣至劳务派遣接收单位（用工单位）。在劳务派遣关系中，受派遣劳动者和劳务派遣单位签订劳动合同，劳务派遣单位和实际用工单位签订劳务派遣协议。

36. 劳动合同一般包括哪些内容？

劳动合同的内容，即劳动合同的条款，它是劳动合同当事人双方权利、义务、责任的具体化。依据《劳动合同法》第十七条的规定，劳动合同的条款可分为必备条款和约定条款。

第一，必备条款。

劳动合同的必备条款包括：用人单位的名称、住所和法定代表人或者主要负责人，劳动者的姓名、住址和居民身份证或者其他有效身份证件号码，劳动合同期限，工作内容和工作地点，工作时间和休息休假，劳动报酬，社会保险，劳动保护、劳动条件和职业危害防护，以及法律、法规规定应当纳入劳动合同的其他事项。

第二，约定条款。

约定条款是指劳动者和用人单位在必备条款之外，双方根据具体情况协商约定的权利义务条款。依据《劳动合同法》第十七条第二款的规定，劳动合同中可以约定的条款包括：试用期约定、培训约定、保密约定、补充保险和福利待遇约定等。需要说明的是，除了《劳动合同法》中明确的这些约定条款外，对劳动法律法规没有禁止的、不违反《劳动合同法》的基本事项，用人单位和劳动者完全可以约定另外的条款，就其他方面的权利义务作出有法律效力的约定。例如关于劳动者兼职的约定、关于协议解除劳动合同的约定等。

第三，专项协议。

与劳动合同内容相关的，还有专项协议。所谓专项协议是指已经确立劳动关系的劳动者与其用人单位就某种特定事项所签订的专项协议。

37. 怎样进行与劳动关系相关的职工背景调查？调查包括哪些方面？

第一，开展时间。

所谓职工背景调查，是指在基本确定录用人选后，在劳动合同签订之前，用人单位对应聘者与工作和签订劳动合同有关的一些背景信息进行查证核实，其目的在于核实应聘者的任职资格以及确认其所提供信息的真实性。

第二，调查内容。

根据《劳动合同法》第八条的规定，背景调查的内容，原则上应当限于用人单位享有知情权的内容，即与劳动合同直接相关的劳动者基本情况。主要内容包括：学历水平、工作经历、综合素质、与原用人单位劳动关系状况等。

第三，调查渠道。

职工背景调查，需要采取合法途径进行，其调查渠道主要包括以下几种：一是通过公安部门、街道办事处、居委会等机构查询核实求职者的身份信息。二是通过教育部门、学校查询核实求职者的学历信息。三是通过求职者以前的工作单位了解核实求职者的工作表现、离职原因等。四是通过医疗机构进行录用前体检，了解求职者的健康状况。五是对于关键岗位（涉及资金管理的岗位、涉及公司核心技术秘密的岗位、部分中高层管理岗位等），必要时可以委托专业机构完成背景调查。

38. 怎样进行岗位描述？

在签订劳动合同之前，劳动关系的双方要完成岗位描述。对于劳动者而言，岗位描述可以明确劳动者的工作义务，并使其了解岗位考核需达到的目标或标准；对于用人单位而言，书面的岗位描述既明确了对劳动者的工作要求，同时也是当职工没有达到工作要求时，用人单位采取相应纠正行为的依据。

第一，岗位描述原则。

岗位描述应遵循真实准确、具体、权责一致的原则。真实准确原则是指岗位描述中涉及的内容及信息必须真实而准确地反映任职岗位的情况。具体原则是指岗位描述中应具体地说明任职岗位的工作任务、职责、权限等内容，从而为岗位考核提供依据。权责一致原则是指在岗位描述中，不同的岗位应被赋予不同的权限，而岗位权限应当与岗位职责、工作职责相协调、相一致。

第二，岗位描述内容。

基本信息：主要包括岗位名称、岗位等级、岗位编码、定员标准、直接上下级关系等识别信息；岗位职责：主要包括岗位职责概述和岗位职责范围；工作关系：即本岗位与其他岗位之间在横向和纵向上的联系关系，包括与相关岗位之间的协调与配合要求等；工作内容和要求：即对于本岗位所要从事的主要工作事项作出的说明，是岗位职责的具体化，包括岗位的主要任务、各项任务的数量和质量要求、完成期限、完成程序和操作方法等内容；工作权限：即与岗位职责相适应的岗位权力范围；劳动条件和环境：即在一定时间空间范围内工作所涉及的各种物质条件；工作时间：包含工作时间长度的规定和工作轮班制的设计等方面的内容；绩效考评：指从品质、行为和绩效等方面对任职情况进行考核评价的方式、方法、周期等内容；任职资格：即岗位所需的相关知识、学历要求、培训经历和相关工作经验以及其他条件。

39. 劳动合同的订立过程中，劳动关系协调员要做哪些准备工作？有什么相关注意事项？

职工与企业在劳动合同订立过程中，劳动关系协调员要做好明确企业录用条件和开展入职审查两方面的准备工作，并在准备工作中注意工作要求。

第一，明确录用条件的注意事项。

录用条件是企业对职工的基本要求，也是将来职工与企业协商解除劳动合同的重要依据之一。因此，录用条件必须明确具体，切忌空泛化、抽象化。录用条件的内容应该是共性和个性相结合。同时，在录用条件中，还可以特别强调一些不符合录用条件的情形，如伪造学历、证书与工作经历的。

录用条件除了内容必须合法外，还必须进行公示。公示录用条件可以有以下几种做法：一是通过招聘广告公示，并采用一定方式予以固定。二是将录用条件制作成单独的文件让职工签字确认。三是在录用通知书中详细载明录用条件并让职工签字确认。四是在劳动合同中加入录用条件的内容，职工签订劳动合同时即签字确认了录用条件。五是在规章制度中详细规定录用条件，并将规章制度向劳动者公示或作为劳动合同的附件。

第二，入职审查的注意事项。

通常情况下，企业可以从以下方面对新入职职工进行入职审查：一是审查与劳动合同有关的信息是否真实。二是审查职工当前劳动关系的状况及社会保险情况。三是审查职工是否与其他用人单位存在竞业限制协议。四是审查职工的身体健康状况。五是审查职工是否在法定的劳动年龄内。六是招用港澳台人员、外国人时，审查是否办理了相应的手续。

40. 劳动合同订立的程序是怎样的？

第一，向劳动者告知本单位信息和进行职工背景调查。

《劳动合同法》第八条规定，用人单位招用劳动者时，应当如实告知劳动者工作内容、工作条件、工作地点、职业危害、安全生产状况、劳动报酬以及劳动者要求了解的其他情况；用人单位有权了解劳动者与劳动合同直接相关的基本情况，劳动者应当如实说明。

比较而言，用人单位的告知义务内容比较广泛，所列举事项基本涉及了劳动合同的全部内容，而且劳动者还有权要求了解劳动合同以外的其他情况，只要不涉及用人单位的商业秘密或者其他重要的商业信息，其实质界限是劳动者是否要求了解。

劳动者的告知义务《劳动合同法》则有所限制，其只需告知与劳动合同直接相关的基本情况。如果与劳动合同不直接相关的，或者与劳动合同直接相关但不属于劳动者基本情况的，劳动者可以拒绝告知。其实质界限应当视是否为劳动者履行劳动义务所必要的信息来衡量，而且用人单位不得基于歧视性理由向劳动者进行背景调查。

第二，拟定和发出签约通知。

用人单位的人事部门或人力资源部门在确定录用人选后，对经选定的录取人员，按照与用人部门商定的用人日期，向录取人员发出“签约通知”，并在“签约通知”中注明签约时间、地点、联系人以及签约时须携带的文件等。

第三，准备合同文本及签约。

将双方协商一致的内容，写入劳动合同书。也可以在事先准备的劳动合同文本草稿中逐条落实双方协商一致的内容，形成劳动合同书。劳动合同书应当制作一式两份，劳动者本人和用人单位各持一份。劳动合同经双方签字或盖章后生效。

41. 怎样进行劳动合同档案管理？什么是劳动合同台账？

劳动合同档案管理，是指用人单位的人事部门或人力资源部门对劳动合同文本和劳动合同信息进行管理并提供利用服务的各项工作的总称。

劳动合同档案管理的具体范围包括：入职申请表；法人代表委托代理人的委托书；劳动合同及补充合同，如岗位合同、专项协议等；劳务合同；劳动合同的变更、终止、解除、续订的凭证文件、材料；劳动合同的履行情况，如年度绩效考核结果，日常考勤记录等；劳动争议的诉讼材料，如起诉书、旁证材料、调解、裁定、判决书等；劳动者违纪、违法的处理材料；其他涉及正确执行合同，维护权益，引起劳动争议的有关凭证材料。

在劳动合同档案的日常管理过程中，应注意以下几点：一是归档的劳动合同份数为一份但必须是原件，出于人事部门或人力资源部门日常工作参考的需要，可以将原件归档、复印件提供使用。二是需要劳动者本人确认的材料，须经劳动者签字认可或有充分证据证明送达或告知劳动者本人后，方可存档。三是根据实际工作需要，严格限制参与管理劳动合同的人员，以免档案资料散存于个人手中，造成遗失或泄密。

此外，公司应建立健全劳动合同管理台账，做好劳动合同基本情况台账（总账），劳动合同签订、变更、解除、终止台账（个人明细账），其他专项协议台账的管理工作，记录公司劳动用工状况及职工的基本情况，反映劳动关系变化，保证实行动态管理。

42. 专项培训服务协议应该注意哪些方面？

培训协议分为一般培训协议和专项培训协议。一般培训是指用人单位为劳动者提供的通用性或入门性知识和技能的培训。专项培训服务协议是指用人单位与劳动者之间就提供专项培训所达成的协议。

《劳动合同法》规定，劳动合同双方可以就专项培训协议作出服务期和违约金的约定。服务期，是指当事人双方约定的，对劳动者有特殊约束力的，劳动者因获得特殊的劳动条件而应当与用人单位持续劳动关系的期限。《劳动合同法》第二十二条第一款规定，用人单位为劳动者提供专项培训费用，对其进行专业技术培训的，可以与该劳动者订立协议约定服务期。据此，服务期约定具有两个要件：

一是培训内容为专业技术培训；二是培训费用由用人单位提供且为专项培训费用，包括用人单位为了对劳动者进行专业技术培训而支付的有凭证的培训费用、培训期间的差旅费用以及因培训产生的用于该劳动者的其他直接费用。

劳动者违反服务期约定的，应当按照约定向用人单位支付违约金。《劳动合同法》对违约金数额作了限制，在双方约定服务期违约金时，所约定的数额不得超过用人单位提供的培训费用。这里所指的培训费用包括用人单位为了对劳动者进行专业技术培训而支付的有凭证的培训费用、培训期间的差旅费用以及因培训产生的用于该劳动者的其他直接费用。

43. 保密协议应该注意哪些方面？有什么相关政策规定？

保密协议是指用人单位与劳动者之间就保守用人单位的商业秘密和与知识产权相关的保密事项所达成的协议。

第一，保密义务的客体。

在保密协议中，可以约定劳动者对用人单位承担保密义务的，仅限于商业秘密和与知识产权相关的保密事项。商业秘密是指不为公众所知悉，能为权利人带来经济利益，具有实用性并经权利人采取保密措施的技术信息和经营信息。由单位研制开发或者以其他合法方式掌握的、未公开的，能给单位带来经济利益或竞争优势，具有实用性且本单位采取了保密措施的技术信息，也称为技术秘密，与经营信息相并列，是商业秘密的组成部分。

所谓“与知识产权相关的保密事项”，也称为“准商业秘密”，是指那些尚未纳入知识产权法保护范围，又不构成商业秘密，但对用人单位仍具有一定保密价值的事项（或信息）。它与“商业秘密”相并列，二者共同构成了 WTO 制定的《与贸易有关的知识产权协议》中所规定的“未公开信息”。

第二，劳动合同可以约定的保密事项。

《劳动合同法》第二十三条规定，用人单位与劳动者可以在劳动合同中约定保守用人单位商业秘密和与知识产权相关的保密事项。保密条款或者保密协议中可以约定如下主要事项：

保密义务人。保密义务人应当限于由于职务或工作原因而知悉用人单位商业秘密和与知识产权相关的保密事项的劳动者。

保密内容、范围。保密内容主要是劳动者在特殊岗位可能知悉的秘密，包括设计、程序、产品配方、制作工艺、制作方法、管理诀窍、客户名单、货源情报、产销策略、招投标中的标底及标书内容等信息。

保密措施。在劳动关系存续期间，保密措施主要有：一是脱密措施。依据《劳动部关于企业职工流动若干问题的通知》（劳部发〔1996〕355号）规定，在劳动合同中可以约定用人单位有权单方决定对负有保密义务的劳动者，在劳动合同终止前或该劳动者提出解除劳动合同后一定期间内（不超过6个月），调整其工作岗位，变更劳动合同的相关内容。在《北京市劳动合同规定》和《上海市劳动合同条例》中还规定，脱密期内劳动者仍与用人单位有劳动关系，享有相关待遇；不得让其回家待岗，并以此为借口不发工资或者克扣工资。二是兼职受竞业限制。即在劳动者和用人单位关于兼职的协议中，可以约定负有保密义务的劳动者在兼职中应当受到的竞业限制。在劳动关系解除或终止后，保密措施主要是约定竞业限制。三是违反保密义务的责任。违反保密义务的责任包括赔偿损失、竞业限制违约金等。

44. 竞业限制协议相关规定有哪些?

《劳动合同法》第二十三、二十四条所规定的竞业限制，是指在解除或终止劳动合同后，负有竞业限制义务的劳动者不得到与本单位生产或者经营同类产品、从事同类业务的有竞争关系的其他用人单位工作，或者自己开业生产或者经营同类产品、从事同类业务。关于竞业限制的性质，有几个方面值得注意：一是竞业限制作为一种保密措施，旨在保护用人单位合法权益，但限制了劳动者的择业自由。二是竞业限制义务是一种约定义务，而非法定义务。

第一，竞业限制义务主体的范围。

承担竞业限制义务应当以负有保密义务为前提，而负有保密义务应当以知悉用人单位的商业秘密和与知识产权相关的保密事项并且有合同约定为前提。《劳动合同法》第二十四条第一款规定，竞业限制的人员限于用人单位的高级管理人员、高级技术人员和其他负有保密义务的人员。

第二，竞业限制事项约定的限制。

对竞业限制的范围、地域的限制。依据《劳动合同法》第二十四条第二款的规定，竞业限制只能限制劳动者到“与本单位生产或者经营同类产品、业务的有竞争关系的其他用人单位”工作或者“自己开业生产或者经营与本单位有竞争关系的同类产品、业务”。在实践中，判断有无竞争关系，除了产品、业务是否同类外，还要考虑地域、时间等因素。即使产品、业务同类，对于产品、业务是否同类和是否有竞争关系的界定，需要以各类竞争法规等其他相关立法为依据。

对竞业限制期限的限制。《劳动合同法》第二十四条第二款规定，竞业限制期限，不得超过两年。其起点应当是劳动合同解除或终止之日，而不是发现劳动者有违反竞业限制行为之日。

第三，竞业限制的补偿。

竞业限制对劳动者而言，意味着就业机会甚至劳动收入的减少，其职业发展也可能受到不利影响。因而，用人单位应当给劳动者以相应补偿。《劳动合同法》对竞业限制的经济补偿数额未作规定，仅在第二十三条第二款作了如下限制：一是竞业限制的经济补偿只能在劳动合同解除或终止后支付，而不能在劳动合同解除或终止以前或当时支付。二是竞业限制的经济补偿应当在竞业限制期内按月支付，这样才足以保障劳动者不因竞业限制而影响其正常的生存条件。至于用人单位未履行支付经济补偿的义务如何处理的问题，法律没有明确规定，但是有些地方性法规对此作出了规定。

第四，违反保密事项与竞业限制条款的责任。

《劳动合同法》第九十条规定，劳动者违反劳动合同中约定的保密义务或者竞业限制，给用人单位造成损失的，应当承担赔偿责任。《劳动合同法》第二十三条第二款中规定，劳动者违反竞业限制约定的，应当按照约定向用人单位支付违约金。

45. 怎样办理工伤和职业病的手续？

职业病、工伤手续办理一般遵循的步骤包括：界定工伤、职业病的范围，界定工伤、职业病伤残等级，确定工伤、职业病期间的待遇。

第一，界定工伤、职业病的范围。

工伤范围的界定，必须以立法中的明文规定为依据。关于工伤范围的法律规定，一般有三类：

一是规定在哪些情况下发生的急性伤害应当属于工伤。《工伤保险条例》第十四条规定，职工由于下列情形之一而伤亡的，应认定为工伤：①在工作时间和工作场所内，因工作原因受到事故伤害的；②工作时间前后在工作场所内，从事与工作有关的预备性或者收尾性工作受到事故伤害的；③在工作时间和工作场所内，因履行工作职责受到暴力等意外伤害的；④患职业病的；⑤因工外出期间，由于工作原因受到伤害或者发生事故下落不明的；⑥在上下班途中，受到非本人主要责任的交通事故或城市轨道交通、客运轮渡、火车事故伤害的；⑦法律、行政法规规定应当认定为工伤的其他情形。

二是规定在哪些情况下发生的急性伤害，虽不属于工伤，但视同工伤。《工伤保险条例》第十五条规定的这类情况有：①在工作时间和工作岗位，突发疾病死亡或者在48小时之内经抢救无效死亡的；②在抢险救灾等维护国家利益、公共利益活动中受到伤害的；③职工原在军队服役，因战、因公负伤致残，已取得革命伤残军人证，到用人单位后旧伤复发的。

三是规定在哪些情况下发生的急性伤害不属于工伤。《工伤保险条例》第十六条规定，职工由于下列情形之一而造成的伤亡，不应认定为工伤：①故意犯罪的；②酗酒或者吸毒的；③自残或者自杀的。

职业病一般是指劳动者在劳动过程中接触职业性有害因素所导致的疾病。它同特定职业密切联系，属于职业性有害因素对劳动者健康的慢性伤害。我国现行的法定职业病范围，依《职业病目录》（卫法监发〔2002〕108号）规定，包括尘肺、职业性放射性疾病、职业中毒、物理因素所致职业病、生物因素所致职业病、职业性皮肤病、职业性眼病、职业性耳鼻喉口腔疾病、职业性肿瘤及其他职业病等10类，共

115种。随着经济的发展、科技的进步和劳动卫生工作的加强，职业病范围将逐步扩大。

第二，界定工伤、职业病伤残等级。

致残和死亡是工伤后果的两种主要形式，《工伤与职业病致残程度鉴定标准》按照职工伤残后丧失劳动能力程度和护理依赖程度将残废划分为10个等级，符合评残标准1至4级的为全部丧失劳动能力；5至6级的为大部分丧失劳动能力；7至10级的为部分丧失劳动能力。因工死亡包括因工伤事故或职业中毒直接导致死亡、工伤或职业病医疗期间死亡、工伤旧伤复发或职业病旧病复发死亡，以及因工致残（1至4级）享受伤残抚恤金期间死亡。

工伤（职业病）的伤害结果大小，一般分为死亡、完全残废（永久、全部丧失劳动能力）、部分残废（永久、部分丧失劳动能力）、暂时全部丧失劳动能力、暂时部分丧失劳动能力。与此对应，工伤保险待遇可分为工伤医疗待遇、工伤致残待遇和因工死亡待遇。

第三，确定工伤、职业病期间的待遇。

根据《工伤保险条例》第三十三条规定，职工因工作遭受事故伤害或者职业病需要暂停工作接受工伤医疗的，在停工留薪期内，原工资福利待遇不变，由所在单位支付。停工留薪期一般不超过12个月。伤情严重或者情况特殊，经设区的市级劳动能力鉴定委员会确认，可以适当延长，但延长不得超过12个月。工伤职工评定伤残等级后，停发原待遇，按照《工伤保险条例》第五章的有关规定享受伤残待遇。工伤职工在停工留薪期满后仍需治疗的，继续享受工伤医疗待遇。生活不能自理的工伤职工在停工留薪期需要护理的，由所在单位负责。

职工因工致残待遇因伤残等级不同而有高低之分。一般包括一次性伤残补助金、伤残津贴、生活护理费等。职工因工死亡，其近亲属按照规定享受丧葬补助金、供养亲属抚恤金和一次性工亡补助金。

46. 怎样进行职工试用期管理？有哪些政策？要注意哪些方面？

根据《劳动合同法》的规定，职工工作的试用期与劳动合同期限并存，不得仅约定试用期。劳动合同仅约定试用期的，试用期不成立，该期限为劳动合同期限。试用期包含在劳动合同期限内，且与劳动合同期限同时开始。实践中，要注意区分试用期与学徒期、见习期等概念。学徒期是对进入某些工作岗位的新工人开展的以师傅指导学徒的方式进行培训的期限。见习期是对大中专和技校毕业生分配到用人单位后进行上岗培训的期限。国家政策对于学徒期、见习期都有特别的规定，应当参照执行。《劳动合同法》对于劳动合同的试用期的成立条件、适用范围、期限长度以及工资报酬等进行了全面规定。

第一，适用范围。

《劳动合同法》在第十九条和第七十条规定了试用期的适用范围，包括：①同一用人单位与同一劳动者只能约定一次试用期。即同一劳动者在同一用人单位已实行过试用期后，再次订立劳动合同的，无论岗位变化与否，也无论与前一次已实行过试用期的就业有无时间间隔或间隔时间多长，都不适用试用期。②以完成一定工作任务为期限的劳动合同，不足三个月的固定期劳动合同不得约定试用期。③非全日制用工双方当事人不得约定试用期。

第二，期限长度。

基于试用期所具有的防范劳动风险和用工风险的功能及劳动（用工）风险程度受劳动合同期限长度制约的事实，《劳动合同法》第十九条将试用期的最长期限与劳动合同期限对应，分别对不同期限的劳动合同规定了不同的试用期最长期限：劳动合同期限三个月以上不满一年的，试用期不得超过两个月；劳动合同期限一年以上不满三年的，试用期不得超过两个月；三年以上固定期限和无固定期限的，试用期不得超过六个月。

第三，试用期工资待遇。

试用期内劳动者的工资水平在一定程度上低于试用期满后的劳动者，应当属于正常现象，但如果过度则属于滥用试用期来侵犯劳动者合法权益。为此，《劳动合同法》第二十条对试用期内劳动者的工资待遇规定了特别基准。规定劳动者在试用期的工资不得低于本单位相同岗位最低档工资或者劳动合同约定工资的80%，并不得低于用人单位所在地的最低工资标准。其中，“本单位相同岗位最低档工资”，是指在同一用人单位内部与试用期内劳动者所在岗位相同的岗位上，正式工的最低档工资标准；“劳动合同约定工资”，是指劳动合同约定的劳动者在试用期满后的月工资标准；用人单位所在地的最低工资标准是试用期内劳动者所得工资的底线。

47. 怎样进行医疗期的管理？

医疗期是指企业职工因患病或非因工负伤停止工作治病休息不得解除劳动合同的时限。《企业职工患病或非因工负伤医疗期规定》（劳部发〔1994〕479号）第三条规定，企业职工因患病或非因工负伤，需要停止工作医疗时，根据本人实际参加工作年限和在本单位工作年限，给予3个月到24个月的医疗期。《劳动部关于贯彻执行〈中华人民共和国劳动法〉若干问题的意见》（1995年）第七十六条规定，患特殊病的职工在两年内尚不能痊愈的，经企业和劳动行政部门批准可适当延长医疗期。如果规定的医疗期届满，但是劳动者的病伤尚未医疗终结或者医疗终结而其劳动能力受损，经劳动能力鉴定机构证明，缺乏或丧失从事原工作或者用人单位在现有条件下为其所安排新工作的劳动能力，用人单位另行安排对劳动者劳动能力的要求低于原工作的岗位后，劳动者仍不能胜任工作的，用人单位可以预告解除劳动合同。

第一，关于医疗期的计算。

《企业职工患病或非因工负伤医疗期规定》（劳部发〔1994〕479号）第三条规定：实际工作年限十年以下的，在本单位工作年限五年以下的为三个月，五年以上的为六个月。实际工作年限十年以上的，在本单位工作年限五年以下的为六个月，五年以上十年以下的为九个月，十年以上十五年以下为十二个月，十五年以上二十年以下的为十八个月，二十年以上的为二十四个月。另外，《企业职工患病或非因工负伤医疗期规定》（劳部发〔1994〕479号）第四条规定：医疗期三个月的，按六个月内累计病休时间计算；六个月的，按十二个月内累计病休时间计算；九个月的，按十五个月内累计病休时间计算；十二个月的，按十八个月内累计病休时间计算；十八个月的，按二十四个月内累计病休时间计算；二十四个月的，按三十个月内累计病休时间计算。可见，医疗期应从病休第一天开始，累计计算。比如，享受三个月医疗期的职工，如果从2008年1月1日起第一次病休，那么该职工的医疗期应在1月1日至6月30日之间确定，在此期间累计病休三个月即视为医疗期满。其他期限医疗期的计算依此类推。

第二，关于医疗期的待遇。

《劳动部关于贯彻执行<中华人民共和国劳动法>若干问题的意见》第五十九条规定，职工患病或非因工负伤治疗期间，在规定的医疗期间内由企业按有关规定支付其病假工资或疾病救济费，病假工资或疾病救济费可以低于当地最低工资标准支付，但不能低于最低工资标准的80%。

医疗期管理的重要内容就是准确记录劳动者因病或非因工负伤，进行治疗康复的病假起止时间，因为准确记录医疗期是用人单位依据《劳动合同法》的规定解除劳动合同的前提条件，而且用人单位对此也负有举证责任。

48. 劳动合同变更的原则是什么？在合同变更时，要注意哪些方面？

劳动合同的变更是指当事人双方依法修改或补充劳动合同内容的法律行为。它发生于劳动合同生效或成立后尚未履行或尚未完全履行期间。

第一，法条链接。

根据《劳动合同法》第三十五条规定，用人单位与劳动者协商一致，可以变更劳动合同约定的内容。变更劳动合同，应当采用书面形式。变更后的劳动合同文本由用人单位和劳动者各执一份。协商变更一般是由一方当事人就劳动合同的期限、约定薪酬、工作岗位、工作地点等内容向另一方提出变更动议，双方在协商一致的基础上达成变更协议，并且应当采用书面形式。

第二，协商变更与用人单位单方变更两种情况。

劳动合同的变更可以分为协商变更和用人单位单方变更两种情况。协商变更可以在劳动合同履行过程中，由当事人任何一方提出，双方经协商一致后，书面变更劳动合同。用人单位单方变更，根据劳动合同变更的原因，可以划分为用人单位因生产经营需要而发生的劳动合同变更以及用人单位作为解除劳动合同前置程序的劳动合同变更。因生产经营需要而发生的劳动合同变更是指用人单位因生产经营的需要而调整劳动者的工作岗位、工作地点、工资水平等的变更劳动合同的行为，也被称为用人单位的调岗、调薪行为。作为解除前置程序的变更则指依据我国《劳动合同法》第四十条的规定，在下列三种情形下，用人单位可以和劳动者协商变更工作岗位，如果劳动者拒绝变更，则用人单位可以依法解除劳动合同并支付相应的经济补偿：劳动者患病或者非因工负伤，在规定的医疗期满后不能从事原工作的；劳动者不能胜任工作的；劳动合同订立时所依据的客观情况发生重大变化，致使劳动合同无法履行的。

第三，劳动合同协商变更的程序。

“调职、调岗、调薪”是劳动合同变更的常见类型，劳动合同协商变更应遵守劳动合同变更的法律规定。劳动合同协商变更的程序包括以下内容：首先是预告变更要求，需要变更合同的一方当事人，应当按照规定时间提前向对方当事人提出变更合同的要求，说明变更合同的理由、条款、条件，以及请求对方当事人答复的期限。其次是按期作出答复，得知对方当事人提出的变更合同的要求后，通常应当在对方当事人要求的期限内作出答复，可以表示同意，也可以提出不同意见，要求另行协商，如果不属于法定应当变更合同的情况，还可以表示不同意。再次是签订书面协议，当事人双方均同意变更合同的，应当就合同变更达成书面协议，并签名盖章。最后是分执劳动合同文本，变更后的劳动合同文本由用人单位和劳动者各执一份。

49. 劳动合同的解除有哪些类型，有何法律依据？

劳动合同的解除是指劳动合同依法订立之后，尚未全部履行之前，因一定法律事实的出现，合同双方当事人或一方当事人依法提前终止劳动合同的法律效力的行为。劳动合同的解除可以分为以下几种类型：

第一，协商解除。

《劳动合同法》第三十六条规定，用人单位与劳动者协商一致，可以解除劳动合同。

第二，劳动者即时解除。

劳动者即时解除劳动合同，需告知的即时解除。《劳动合同法》第三十八条第一款规定，用人单位有下列情形之一的，劳动者可以解除劳动合同但需要告知用人单位：未按照劳动合同约定提供劳动保护或者劳动条件的；未及时足额支付劳动报酬的；未依法为劳动者缴纳社会保险费的；用人单位的规章制度违反法律、法规的规定，损害劳动者权益的；因存在《劳动合同法》第二十六条第一款规定的“以欺诈、胁迫的手段或者乘人之危，使对方在违背真实意思的情况下订立或者变更劳动合同”的情形致使劳动合同无效的；法律、行政法规规定劳动者可以解除劳动合同的其他情形。

劳动者即时解除劳动合同，无须告知的即时解除。《劳动合同法》第三十八条第二款规定，用人单位有下列情形之一的，劳动者可以立即解除劳动合同，不需事先告知用人单位：用人单位以暴力、威胁或者非法限制人身自由的手段强迫劳动者劳动的；用人单位违章指挥、强令冒险作业危及劳动者人身安全的。

第三，劳动者预告解除。

《劳动合同法》第三十七条规定，劳动者预告解除劳动合同，劳动者提前三十日以书面形式通知用人单位，可以解除劳动合同。劳动者在试用期内提前三日通知用人单位，可以解除劳动合同。

第四，用人单位即时解除。

《劳动合同法》第三十九条规定，劳动者有下列情形之一的，用人单位可以解除劳动合同：在试用期间被证明不符合录用条件的；严重违反用人单位的规章制度的；严重失职，徇私舞弊，给用人单位造成重大损害的；劳动者同时与其他用人单位建立劳动关系，对完成本单位的工作任务造成严重影响，或者经用人单位提出，拒不改正的；因存在《劳动合同法》第二十六条第一款规定的“以欺诈、胁迫的手段或者乘人之危，使对方在违背真实意思的情况下订立或者变更劳动合同”的情形致使劳动合同无效的；被依法追究刑事责任的。

第五，用人单位预告解除。

根据《劳动合同法》第四十条的规定，劳动者有下列情形之一的，用人单位提前三十日以书面形式通知劳动者本人或者额外支付劳动者一个月工资后，可以解除劳动合同：劳动者患病或者非因工负伤，在规定的医疗期满后不能从事原工作，也不能从事由用人单位另行安排的工作的；劳动者不能胜任工作，经过培训或者调整工作岗位，仍不能胜任工作的；劳动合同订立时所依据的客观情况发生重大变化，致使劳动合同无法履行，经用人单位与劳动者协商，未能就变更劳动合同内容达成协议的。

经济性裁员是用人单位预告解除劳动合同的特殊形式，《劳动合同法》第四十一条对其进行了规定：有下列情形之一，需要裁减人员二十人以上或者裁减不足二十人但占企业职工总数百分之十以上的，用人单位提前三十日向工会或者全体职工说明情况，听取工会或者职工的意见后，裁减人员方案经向劳动行政部门报告，可以裁减人员：依照企业破产法规定进行重整的；生产经营发生严重困难的；企业转产、重大技术革新或者经营方式调整，经变更劳动合同后，仍需裁减人员的；其他因劳动合同订立时所依据的客观经济情况发生重大变化，致使劳动合同无法履行的。裁减人员时，应当优先留用下列人员：与本单位订立较长期限的固定期限劳动合同的；与本单位订立无固定期限劳动合同的；家庭无其他就业人员，有需要扶养的老人或者未成年人的。用人单位依照《劳动合同法》规定裁减人员，在六个月内重新招用人员的，应当通知被裁减的人员，并在同等条件下优先招用被裁减的人员。

第六，用人单位不得预告解除的情形。

《劳动合同法》第四十二条规定，劳动者有下列情形之一的，用人单位不得依照《劳动合同法》第四十条的规定预告解除劳动合同：一是从事接触职业病危害作业的劳动者未进行离岗前职业健康检查，或者疑似职业病病人在诊断或者医学观察期间的；二是在本单位患职业病或者因工负伤并被确认丧失或者部分丧失劳动能力的；三是患病或者非因工负伤，在规定的医疗期内的；四是女职工在孕期、产期、哺乳期的；五是在本单位连续工作满十五年，且距法定退休年龄不足五年的；六是法律、行政法规规定的其他情形。

50. 解除劳动合同过程中，劳动关系协调员应该做好哪些工作？

用人单位单方解除劳动合同，应事先将理由通知工会。工会对用人单位违反法律、行政法规规定或者集体合同、劳动合同约定的，应要求其进行改正。用人单位应研究工会的意见，并将处理结果书面通知工会。之后，用人单位应及时向职工发出《解除劳动合同通知书》，并按规定为职工办理解除劳动合同手续、支付经济补偿。

劳动合同的解除信息应当记入劳动合同台账，并及时履行备案手续。应记入台账的信息包括：解除时间、原因、是否需补偿、补偿金额、是否负有竞业限制义务、竞业限制补偿金额、支付竞业限制补偿金账号以及按月支付情况等内容。

51. 劳动合同的终止有哪些法律依据，程序是怎样的？

劳动合同终止是指劳动合同的法律效力依法被消灭，即劳动关系由于一定法律事实的出现而终结，劳动者与用人单位之间原有的权利义务不再存在。

第一，劳动合同终止的事由。

根据《劳动合同法》以及《劳动合同法实施条例》，劳动合同终止的事由包括：

一是劳动合同期满。劳动合同期满是指定期劳动合同所约定的期限届满或以完成一定工作任务为期限的劳动合同所约定的工作任务完成，除劳动合同依法续订或依法延期外，劳动合同期满即行终止。二是劳动者达到法定退休年龄的，或开始依法享受基本养老保险待遇的，劳动合同即行终止。三是劳动者死亡，以及被人民法院宣告死亡或者宣告失踪。宣告死亡，是指自然人下落不明满四年的，或因意外事故下落不明，从事故发生之日起满两年的，经利害关系人申请，而由法院宣告其死亡。宣告失踪，是指自然人离开自己的住所或居所，没有任何消息达两年，处于生死不明状态，经利害关系人申请，由法院在查明事实后依法宣告为失踪人。四是用人单位被依法宣告破产。我国现行立法中，只有企业破产制度。企业破产，是指企业因不能偿付到期债务而依法经一定程序由法院消灭其主体资格。五是用人单位被吊销营业执照、责令关闭、撤销或者用人单位决定提前解散，这些情形属于经营主体资格消灭的情形，而用人单位资格以经营主体资格为基础，故经营主体资格被消灭，劳动合同即终止。六是法律、行政法规规定的其他情形。

第二，劳动合同延期终止的事由。

作为劳动合同终止的例外情况，存在劳动合同的延期终止情形，即劳动合同期满时因存在法定的特殊情形，劳动合同应当续延至相应的情形消失时终止。它作为劳动合同终止的一种特殊形式，与劳动合同期满终止对应，是劳动合同期满终止的例外和对劳动合同期满终止的补充。

延期终止的事由，即法定的阻却劳动合同期满终止的法律事实。存在该事由，劳动合同应当续延至该事由消失时终止。《劳动合同法》第四十五条将延期终止的事由限定为预告辞退禁止性条件：

一是从事接触职业病危害作业的劳动者未进行离岗前职业健康检查，或者疑似职业病病人在诊断或者医学观察期间的。即劳动合同期满时，从事接触职业病危害作业而未进行离岗前职业健康检查者，劳动合同应当续延至离岗前职业健康检查完毕时终止。而疑似职业病病人，应当续延至诊断期或医学观察期届满时终止。二是在本单位患职业病或者因工负伤并被确认丧失或者部分丧失劳动能力的。即工伤劳动者劳动合同的终止，按照国家有关工伤保险的规定执行。三是患病或者负伤，在规定的医疗期内的，即患普通病或者非因工负伤者，应当续延至规定的医疗期届满时终止。四是女职工在孕期、产期、哺乳期的。即女职工的劳动合同如果在孕期、产期、哺乳期内期限届满的，应当分别续延至规定的孕期、产期、哺乳期届满时终止。五是在本单位连续工作满 15 年，且距法定退休年龄不足 5 年的。六是法律、行政法规规定的其他情形。例如，根据《工会法》（2001 年修订）第五十二条和《集体合同规定》（2004 年）第二十八条的规定，工会工作人员、职工一方协商代表劳动合同应当分别续延至任工会职务期满或任协商代表期满时终止。

52. 劳动合同解除与终止后，相关法律后果是什么？需要注意哪些方面？

劳动合同解除与终止后会产生相应的法律后果，主要包括代通知期金、经济补偿金、赔偿金、工伤职工伤残就业补助金和医疗补助费等相关费用的发生。

第一，代通知期金。

《劳动合同法》第四十条规定，用人单位依法预告辞退劳动者的，应提前三十日以书面形式通知劳动者本人或者额外支付劳动者一个月工资后，可以解除劳动合同。这里所称的额外支付的一个月工资即被称为代通知期金。代通知期工资的支付标准依法应当按照该劳动者上一个月的工资标准确定。

第二，经济补偿金。

一般情况下，经济补偿金依据《劳动合同法》第四十七条的规定进行计算，主要包括四个方面：一是工作年限的计算，劳动者在用人单位工作的年限，应当从劳动者向该用人单位提供劳动之日起计算。如果由于各种原因，用人单位与劳动者未及时签订劳动合同的，不影响工作年限的计算。如果劳动者连续为同一用人单位提供劳动，但先后签订了几份劳动合同的，工作年限应从劳动者提供劳动之日起连续计算。二是计算的标准，经济补偿按劳动者在本单位工作的年限，每满一年支付一个月工资的标准向劳动者支付。六个月以上不满一年的，按一年计算；不满六个月的，向劳动者支付半个月工资的经济补偿。三是计算基数，计算经济补偿的基数是劳动者的月工资。月工资是指劳动者在劳动合同解除或者终止前十二个月的平均工资。四是计算封顶，劳动者月工资高于用人单位所在直辖市、设区的市级人民政府公布的本地区上年度职工月平均工资三倍的，向其支付经济补偿的标准按职工月平均工资三倍的数额支付，向其支付经济补偿的年限最高不超过十二年。

如果劳动关系的存续跨越了 2008 年 1 月 1 日《劳动合同法》生效前后，则2008 年1 月1 日之前的经济补偿依据旧法规定，2008 年1 月1 日之后的经济补偿依据《劳动合同法》的规定执行。

第三，赔偿金。

用人单位或劳动者违法解除或终止劳动合同给对方造成损失时，给付对方一定数量的金钱，是承担违约责任的形式之一。用人单位承担赔偿金的情形：一是用人单位违法解除或终止劳动合同，按照《劳动合同法》规定的经济补偿标准的两倍向劳动者支付赔偿金。二是用人单位解除劳动合同，未依法向劳动者支付经济补偿的，先由劳动行政部门责令用人单位限期支付，如逾期不支付的，责令用人单位按应付金额50% 以上 100% 以下的标准向劳动者加付赔偿金。

劳动者承担赔偿金的情形：劳动者违反劳动合同中约定的保密义务或者竞业限制，给用人单位造成损失的，应当承担赔偿责任。

第四，工伤职工伤残就业补助金。

根据 2011 年颁布的《工伤保险条例》第三十五条、第三十六条、第三十七条规定，工伤职工一到十级伤残等级的补助金和津贴如下：

伤残等级	支付一次性伤残补助金（____个月本人工资）	按月支付伤残津贴（本人工资占比）	备　　注
一级伤残	27 个月	90%	保留劳动关系，退出工作岗位，享受上述待遇
二级伤残	25 个月	85%	
三级伤残	23 个月	80%	
四级伤残	21 个月	75%	

续表

伤残等级	支付一次性伤残补助金（____个月本人工资）	按月支付伤残津贴（本人工资占比）	备　注
五级伤残	18 个月	70%	保留与用人单位的劳动关系，由用人单位安排适当工作，难以安排工作的，由用人单位按月发给伤残津贴
六级伤残	16 个月	60%	
七级伤残	13 个月		劳动、聘用合同期满终止，或者职工本人提出解除劳动、聘用合同的，由工伤保险基金支付一次性工伤医疗补助费，由用人单位支付一次性伤残就业补助金
八级伤残	11 个月		
九级伤残	9 个月		
十级伤残	7 个月		

一至四级伤残，伤残津贴实际金额低于当地最低工资标准的，由工伤保险基金补足差额。工伤职工达到退休年龄并办理退休手续后，停发伤残津贴，按照国家有关规定享受基本养老保险待遇。基本养老保险待遇低于伤残津贴的，由工伤保险基金补足差额。职工因工致残被鉴定为一级至四级伤残的，由用人单位和职工个人以伤残津贴为基数，缴纳基本医疗保险费。

五至六级伤残，用人单位按照规定为其缴纳应缴纳的各项社会保险费。伤残津贴实际金额低于当地最低工资标准的，由用人单位补足差额。经工伤职工本人提出，该职工可以与用人单位解除或者终止劳动关系，由工伤保险基金支付一次性工伤医疗补助费，由用人单位支付一次性伤残就业补助金。一次性工伤医疗补助费和一次性伤残就业补助金的具体标准由按省、自治区、直辖市人民政府规定执行。

七至十级伤残，一次性工伤医疗补助费和一次性伤残就业补助金的具体标准由按省、自治区、直辖市人民政府规定执行。

第五，医疗补助费。

在与《劳动法》配套的规章中，还对特殊情况下劳动合同解除和终止时在一般经济补偿之外还应当支付医疗补助费的问题，作出了特别规定。

一是劳动合同解除的医疗补助费事由。根据《违反和解除劳动合同的经济补偿办法》（劳部发〔1994〕481 号）第六条的规定，劳动者患病或者非因工负伤，经劳动鉴定委员会确认不能从事原工作、也不能从事用人单位另行安排的工作而解除劳动合同的，用人单位在支付经济补偿的同时，还应当发给不低于六个月工资的医疗补助费，患重病或绝症的还应当分别增加不低于 50% 或 100% 的数额。二是劳动合同终止的医疗补助费事由。根据《劳动部关于实行劳动合同制度若干问题的通知》（劳部发〔1996〕354 号）第二十二条和《关于对劳部发〔1996〕354 号有关问题解释的通知》（劳办发〔1997〕18 号）的规定，患病或者非因工负伤的劳动者，在劳动合同期满终止时，医疗期满或医疗终结被劳动鉴定委员会鉴定为 5 ~ 10 级伤残的，用人单位应当支付不低于六个月工资的医疗补助费；对患重病或绝症的，还应适当增加医疗补助费。

53. 在劳动合同解除或终止后，用人单位和劳动者应办理的手续有哪些？

第一，用人单位需办理的手续。

一是经济补偿等支付手续，用人单位与劳动者依法解除劳动关系，劳动合同解除或终止后，要维护劳动者依法获得经济补偿的权利。当用人单位需要向劳动者支付经济补偿时，要按时足额向劳动者支付经济补偿，不得因劳动者已与用人单位解除劳动合同而在办理经济补偿手续时故意为难劳动者。二是出具劳动合同解除终止证明，如果解除或终止劳动合同造成劳动者失业的，要向失业人员告知其按照规定享受的失业保险待遇的权利，并将失业人员的名单自解除或者终止劳动关系之日起七日内报社会保险经办机构备案。三是提供职业健康监护档案，《职业病防治法》（2011 年）第三十七条规定，劳动者离开用人单位时，有权索取本人职业健康监护档案复印件，用人单位应当如实、无偿提供，并在所提供的复印件上签章。四是在十五日内为劳动者办理档案和社会保险关系转移手续。五是对劳动者与其签订的劳动合同，在劳动合同解除或终止之日起，要保存劳动合同文本两年以上。六是对劳动者的保密义务，用人单位对于劳动者求职材料和个人履历负有保密义务。

第二，劳动者需办理的手续。

劳动者与用人单位解除或者终止劳动合同之后，要办理的手续有：一是办理工作交接手续，妥善处理自己在劳动合同解除或终止前经手的事务。二是有返还、归还因工作需要而使用、占用用人单位财产、资料的义务。三是有保守用人单位的商业秘密和与知识产权有关的秘密事项的义务。

54. 怎样设计与企业战略规划相适应的组织结构，有哪些基本要求？

根据《劳动合同法》的规定，企业转产、重大技术革新或者经营方式调整时，可以与劳动者协商变更劳动合同。随着企业的发展和外部市场环境的改变，战略发生变化，企业组织结构必然作出相应的调整，具体而言，涉及部门、岗位的增加、合并与撤销。

职工和工会在企业组织结构设计时，可以通过民主渠道参与企业管理，提出合理化建议。在企业组织设计中，应满足以下几点基本要求：

一是任务与目标相一致的要求。企业组织设计的根本目的，是为实现企业的战略任务和经营目标，这是一条最基本的原则。企业任务、目标同组织结构之间是目的和手段的关系。

二是专业分工和协作的要求。现代企业的管理工作量大、专业性强，分别设置不同的专业部门，有利于提高管理工作的质量与效率。可以采取的措施有：实行管理系统，把职能性质相似或工作关系密切的部门归类，成立各个管理子系统；设立一些委员会或会议来实现协调；创造协调的环境。

三是有效管理幅度的要求。由于受个人精力、知识、经验条件的限制，一名领导人能够有效领导的直属下级人数是有一定限度的。有效管理幅度不是一个固定值，它受职务的性质、人员的素质、职能机构的健全与否等条件的影响。

四是集权与分权相结合的要求。企业在确定内部上下级管理权力分工时，主要应考虑的因素有：企业规模的大小、企业生产技术特点、各项专业工作的性质、各单位的管理水平和人员素质的要求等。

五是稳定性和适应性相结合的要求。组织应具有一定的弹性和适应性。

55. 怎样进行职工离职面谈？

离职面谈是指在职工准备离职或已经离职后即将离开公司时，企业与职工进行的一种面对面的谈话沟通，属于企业职工关系管理的重要内容。工会作为代表职工利益的组织，也应该了解一些与职工进行离职面谈的知识。做好企业职工离职面谈，需要遵循一些面谈原则和技巧，主要包括以下几点：

第一，充分准备，有效开始。

面谈前做好深入、细致的准备是保证面谈质量的重要前提。面谈前的准备包括但不限于以下几个方面：一是收集与职工相关的历史资料和档案，了解职工的入职时间、薪资待遇、奖惩情况，可能的情况下了解其家庭状况、性格特征、业余爱好等，以便准备相关的话题。二是向部门了解离职职工近期是否发生工作或生活上的异常事件，并依据面谈记录表了解部门初步面谈情况，做好相应心理准备。三是在面谈时还应选好交流的主题，且尽量使之与离职职工利益直接相关，如对跳槽性质的职工进行面谈应重点了解其辞职的原因和想法，究竟是为了个人发展、学习、家庭原因，还是对企业的管理模式、管理层的工作风格、团队的氛围、绩效的评价状况、当前职位工作内容等不满。

第二，建立信任，真诚沟通。

一些职工离职时难免对公司有一定排斥心理，在面谈开始时采取适当的方式让离职职工卸下防卫，建立一种信任和坦诚的沟通氛围是关键。以下技巧可以尝试：一是首先谈论对方熟悉而没有压力的事情；二是尽量先谈论对方的优点，以肯定和赞美的语气进行交流；三是多倾听职工的想法，不时表现出理解和体谅的态度。

第三，循序渐进，感同身受。

建立信任和融洽的关系后不宜直接切入主题，以免转换过快重新激起职工的警惕甚至反感，使得前功尽弃。问题要由浅入深，循序渐进开展。

第四，刨根问底，巧妙提问。

根据实际面谈经验，职工首先回答的离职原因可能不是最主要的，反而位居第二、第三位的原因才是更真实、重要的原因。所以在职工回答离职原因时，尽量多问“除此之外呢”、“还有其他原因么”等，可挖掘潜在的真实原因，然后结合职工整体情况进行判断。

第五，改善关系，维护形象。

应表示对职工的感谢、理解和尊重以及未来发展的关心，给予职工美好的祝福，让职工带着好的心情离开，这样对于提升企业的形象和口碑有重要意义，企业也能因此获得潜在收益。

56. 劳动关系协调员在劳动合同管理上要掌握哪些知识、锻炼哪些能力？

劳动合同管理是劳动关系管理中一个重要的环节，也是和谐劳动关系的重要手段。加强劳动合同管理，可以提高劳动合同的履约率，对于提高劳动者的绩效、激发劳动者的积极性、维护和谐的劳动关系、促进企业的健康发展来说具有十分重要的意义。在劳动合同管理中，劳动关系协调员要着重掌握好以下几方面的能力：

在劳动合同订立上，要比较不同用工方式和劳动合同期限形式的特点和效果，掌握关键岗位的界定方法，能够识别用工的风险点，并掌握控制风险的方法。

在劳动合同履行与变更上，了解商业秘密和竞业限制的政策法规及实施策略，了解反不正当竞争的政策法规及实施策略。学习心理契约的相关内容，掌握心理契约的分析方法，理解企业文化内涵。

在劳动合同解除与终止上，掌握典型案例的分析方法，掌握人员素质评估、绩效评估、人岗匹配评估方法。

案例一：劳动合同期满前发生工伤，劳动合同是否可以终止？

王某是某公司送货员，劳动合同期限为 2011 年 7 月 1 日至 2012 年 6 月 30 日。2012 年 6 月初，王某在送货途中发生交通事故。在医院救治一段时间后，王某回家休养，等待第二次手术。2012 年 6 月 30 日，公司派人通知王某，其劳动合同已经到期，公司将不再与其续签劳动合同。王某不服，认为自己发生工伤，治疗都还没有结束，公司无权终止劳动合同。公司认为，王某虽然受伤，但是不会留下特别严重的残疾，公司是可以终止劳动合同的。

本案中，王某在为公司送货途中发生交通事故，属于工伤，享受一定的停工留薪期。在停工留薪期内，用人单位不能随意解除劳动合同，即使劳动合同到期也不能终止。职工发生工伤，经治疗伤情相对稳定后存在残疾、影响劳动能力的，应当进行劳动能力鉴定。经鉴定伤残等级为 7 ~ 10 级的，劳动合同期满可以终止，但是应由工伤保险基金支付一次性工伤医疗补助金，由用人单位支付一次性伤残就业补助金。因此，如果公司想与王某终止劳动合同，可以尽快安排王某做伤残等级鉴定，如果王某被鉴定为7～10级的，公司可以终止劳动合同。

（案例来源：石先广．企业人力资源管理法律风险防范与操作实务（第一版）．北京：中国法制出版社，2012）

案例二：劳动合同期满后继续用工的，是解除合同还是终止合同？

张某劳动合同于2012年8月31日到期，劳动合同到期前，人力资源部曾口头通知张某不再续签劳动合同，让其合同到期时到人力资源部办理离职手续。劳动合同到期时，张某并没有如期找到人力资源部办理离职手续，且人力资源部也没有人通知张某办理手续。于是张某继续打卡上班，直到半个月后，公司领导发现张某仍在上班，感到奇怪，随即让其立即办理离职手续。张某认为，自己已和公司形成事实劳动关系，如果公司坚持让自己离开，是解除劳动合同。

本案纠纷产生的原因在于用人单位在张某的劳动合同到期后没有及时办理终止手续导致。严格说来，劳动合同到期后，用人单位未及时办理终止用工手续的，视为劳动关系的继续，只不过双方没有签订书面劳动合同。在事实劳动关系存续期间，如果用人单位提出不再使用劳动者的，劳动者往往认为是解除劳动关系，而用人单位主张终止劳动关系，二者在计算经济补偿时有差异，如果劳动者在本单位的工作年限跨越了2008年，这种差异更大。因此，用人单位在劳动合同期限届满时应及时作出应对，要么继续用工，签订劳动合同，要么终止用工，办理离职手续，否则很容易引发纠纷。

（案例来源：石先广．企业人力资源管理法律风险防范与操作实务（第一版）．北京：中国法制出版社，2012）

四 集体协商与集体合同管理

57. 集体协商和集体合同的含义是什么，它们的关系是怎样的?

第一，集体协商与集体合同的含义。

集体协商是指职工一方的代表与用人单位（企业方面代表）就签订集体合同或专项集体合同或其他劳动关系的事项，依法进行商谈的行为。目前，集体协商可分为用人单位层级集体协商、行业性集体协商和区域性集体协商三种主要类型。

集体合同是用人单位与本单位职工根据法律、法规、规章的规定，就劳动报酬、工作时间、休息休假、劳动安全卫生、职业培训、保险福利等事项，通过集体协商签订的书面协议。一般分为综合性集体合同和专项集体合同两种形式。

第二，集体协商与集体合同的关系。

集体协商是订立集体合同的法定必经程序和实现方式，集体合同则是集体协商的一种法律结果。未经集体协商而签订的集体合同是无效合同，集体协商的水平直接影响着集体合同的质量及其可行性。

58. 集体协商的基本内容和基本程序是什么?

第一，基本内容。

集体协商双方可以就多项或某项内容进行集体协商，签订集体合同或专项集体合同，在开展集体协商和签订集体合同的过程中，双方可以就以下问题开展集体协商，订立集体合同：劳动报酬，工作时间，休息休假，劳动安全与卫生，补充保险和福利，女职工和未成年工特殊保护，职业技能培训，劳动合同管理，奖惩，裁员，集体合同期限，变更、解除集体合同的程序，履行集体合同发生争议时的协商处理办法，违反集体合同的责任，双方认为应当协商的其他内容。

第二，基本程序。

根据《劳动合同法》、《集体合同规定》和《工资集体协商试行办法》等法律、法规、政策的规定，集体协商应当按照以下程序进行：①产生集体协商代表。②提出协商要约。③做好协商的准备，包括宣传教育工作，熟悉有关法律法规，搜集了解与集体协商有关的情况和资料，充分征求职工的意见，明确协商代表分工制订集体协商实施方案，确定集体协商记录员。④正式协商，包括召开协商会议和集体合同的起草。⑤职工（代表）大会讨论通过。⑥首席代表签字。⑦审查备案。⑧公布实施。⑨履行。⑩监督检查。

59. 集体合同和劳动合同的区别有哪些？

集体合同是指用人单位与本单位职工根据法律、法规、规章的规定，就劳动报酬、工作时间、休息休假、劳动安全卫生、职业培训、保险福利等事项，通过集体协商签订的书面协议。劳动合同是工会或职工代表代表职工一方与用人单位或其团体确立劳动关系、明确双方权利和义务的协议。

集体合同与劳动合同相比较，有如下主要区别：

一是当事人不同。劳动合同当事人为单个劳动者和用人单位；集体合同当事人为劳动者团体（即工会代表全体劳动者）和用人单位或其团体，故又称团体协约或团体合同。

二是目的不同。订立劳动合同的主要目的是确立劳动关系；订立集体合同的主要目的是为确立劳动关系设定具体标准，即在其效力范围内规范劳动关系。

三是内容不同。集体合同与劳动合同相比，更加强调职工方的权利和用人单位一方的义务。劳动合同以单个劳动者的权利和义务为内容，一般包括劳动关系的各个方面；集体合同以集体劳动关系中全体劳动者的共同权利和义务为内容，可能涉及劳动关系的各个方面，也可能只涉及劳动关系的某个方面。

四是形式不同。劳动合同在有的国家为要式合同，在有的国家则为要式合同与非要式合同并存；集体合同一般为要式合同。

五是效力不同。劳动合同对单个用人单位和劳动者有法律效力；集体合同对签订合同的单个用人单位或用人单位团体所代表的全体用人单位，以及工会所代表的全体劳动者，都有法律效力。并且，集体合同的效力高于劳动合同的效力。此外，它们在订立程序等方面也有所不同。

60. 有哪些与集体协商和集体合同相关的法律法规？

关于集体协商与集体合同签订的主要法律法规有《劳动法》、《劳动合同法》、《工会法》、《集体合同规定》、《工资集体协商试行办法》等。主要规定如下：

集体合同原则	《集体合同规定》第5条
集体协商双方当事人	《劳动法》第33条 《劳动合同法》第51条 《集体合同规定》第23条、24条、28条
集体合同内容	《劳动合同法》第51条、52条 《集体合同规定》第8条
集体协商与集体合同签订的程序	《劳动法》第33条、34条 《集体合同规定》第32条、33条、34条、37条、42条、47条、48条、54条
集体合同的变更、解除与终止	《集体合同规定》第38~41条
集体合同的效力与违法责任	《劳动法》第35条 《劳动合同法》第54条、55条、56条、80条 《工会法》第53条

61. 集体协商涉及哪些主要社会经济统计指标？它们的含义是什么？

在集体协商中、劳方代表与资方代表将就劳动中涉及的问题进行协商，在协商过程中，双方可能会用到一些社会经济指标，其主要包括以下几种：

一是综合性经济指标。在综合性经济指标当中，最为重要的是国内生产总值、居民消费价格指数、职工平均工资。这些数据是确定集体协商过程中是否提出工资增长以及增长幅度应该多大的重要依据。

二是劳动力市场状况。包括劳动力市场管理的法律法规、劳动力市场的基本供需状况。了解现实的劳动力市场状况，是开展集体协商的重要前提。

三是就业与失业状况。协商企业所在地区、行业的就业情况，对该企业协商中各方的许多具体要求都会产生相应的影响。把握劳动力市场上劳动者素质状况、教育水平、失业率，以及国家的培训就业目标，可以引导企业在集体协商涉及职工培训议题时，确定比较明确的任务和方向。

四是劳动报酬状况。劳动报酬、工资分配本身就是集体协商的一个核心内容，因此，劳动报酬方面的指标数据对于集体协商工作至关重要。

五是劳动关系指标。主要涉及劳动争议发生状况和劳动争议处理统计数据。劳动关系协调员应该随时了解和掌握劳动争议发生的状况，从中知晓当前劳动争议发生、变化的规律，尽可能在企业层面采取积极应对措施，预防和减少包括集体协商争议在内的各种争议的发生。

62. 怎样做好集体协商的准备工作？

在开展集体协商之前，劳方和资方都应该进行必要的准备工作，为集体协商工作的顺利进行打好基础。这里既包括书面性的和程序性的集体协商准备工作，也包括对集体协商相关资料的收集：

第一，议题意见、资料的收集和整理。

在就集体协商议题的意见和资料进行收集的过程中，一是要尽量熟悉有关法律法规，熟悉有关的法律法规是依法开展集体协商，合理提出协商议题的必要条件。二是要搜集了解与集体协商有关的情况和资料。三是要充分征求职工的意见。通过召开工会小组会、座谈会、问卷调查等形式，广泛了解职工群众在各个方面的意愿和要求。

第二，拟定协商议题。

在将职工和用人单位的意见归纳整理后，结合现行政策和企业情况进行分析研究，提出协商议题。对于协商议题的拟定，首先要注意协商的民主性，即代表不等于代替，要积极收集职工真正关心的议题和建议。其次要注意有关议题信息来源的科学性。还有要注意拟定议题的合理性。另外，也不应忽视情况沟通的环节。职工方和企业方的沟通，尤其是对重要的敏感性问题或可能会产生分歧意见的问题，通过会前的非正式协商，坦诚交换意见，有利于达成共识。

第三，起草集体合同草案。

拟定草案应参照有关法律、法规和政策，以及同行业和具有可比性企业的劳动标准，包括集体合同范本和其他与签订集体合同相关的资料等。集体合同作为一种法律文书，草案文本可以由工会提出，也可以由用人单位提出，还可以由用人单位与工会共同组织有关人员起草。

63. 怎样征集、整理有关集体协商议题的意见和建议？

第一，议题信息收集方法。

问卷调查法。问卷调查法是收集协商议题的基本方法，即通过发放问卷的方式，由职工填写完成后交与调查员收回。由于问卷调查法通常是匿名调查，减少了职工的心理压力，有利于职工意见的汇总。

访谈法。也称为访问法，即调查者通过口头交谈的方式向职工了解想法的方法。访谈方式可以分为结构式访谈和非结构式访谈。结构式访谈通常用事先统一设计、有一定结构的问卷进行访谈，访谈过程按照统一的标准和方法进行；非结构式访谈并不事先准备统一的访谈问卷，而是由访谈者与职工自由交谈，并根据情况不断调整内容和方式。

观察对比法。通过调查者自身的观察来获取信息。比如，注意各种杂志期刊、相关网站。各类杂志期刊、网站上经常会发布政府对劳动关系的宏观调控政策的最新变化，同行业同地区企业劳动关系的状况、其他单位集体协商的信息，可以从中观察对比，收集有效信息。

第二，议题整理加工方法。

在收集到各类信息之后，应对这些信息进行整理，使用综合加工法是有效的信息整理方法。综合加工法就是对大量、片面、零散的信息资料，运用科学的方法加以汇总、归纳、分析和推论，从错综复杂的信息中，找出其相互之间的关系，并加以高度概括，以更加准确、全面地反映劳动关系和劳动条件的内容。

64. 怎样拟定集体协商议题？

拟定集体协商议题，要通过召开工会小组会、座谈会、问卷调查等形式，广泛了解职工群众在各个方面的意愿和要求。只有在充分听取了职工群众的意见之后制定的、真实反映职工群众现实问题的议案才是代表职工群众利益的好议案，也才能得到职工群众的最广泛支持。

在将职工和用人单位的意见归纳整理后，要结合现行政策和企业情况进行分析研究，提出协商议题。对于协商议题的拟定，一是要注意协商的民主性，即代表不等于代替，要积极收集职工真正关心的议题和建议。二是要注意有关议题信息来源的科学性。三是要注意拟定议题的合理性。需要注意的是，职工方和企业方要注意沟通，尤其是对重要的敏感性问题或可能会产生分歧意见的问题，要通过会前的非正式协商，坦诚交换意见，积极达成共识。

65. 怎样组织集体协商会议？

第一，会前准备。

会场准备。合适的集体协商会场应考虑下列因素：一是场地应有良好的照明、通风设备和协商设备。二是协商会议一般选择圆桌形式，圆桌会议的座位安排没有职务高低之分，比较能够体现集体协商的平等性特征。三是会场应不受外界干扰。

会议通知。会议通知应简明扼要，说明协商议题、会议时间、地点、参加人员、报到地点和时间。为了防止意外，应在会议通知上写明会议工作人员的联络电话，以便及时沟通。

会议材料。会议材料一般包括两方面的内容：即对议题的说明、对议案的说明。

第二，会中组织。

在开始集体协商会议之前，要做好会议签到工作，以便统计到会人数。同时，应该安排恰当的会议主持人主持会场，维护集体协商会议的秩序，控制会议的节奏。集体协商会议开始后，双方协商代表应按照议定的会议程序，逐一地进行商谈。在此期间，双方代表通过掌握的资料，表明自身的观点。在会议过程中，主持人对于控制协商会议的节奏和进程发挥着十分重要的作用，主持人要给予协商双方表达各自意见的机会，随时梳理各方的意见和观点，保证协商会议的秩序。

第三，协商注意事项。

在组织集体协商会议过程中，除了要做好以上所述的会前准备和会中组织工作以外，还要做好以下工作：一是要挑选一个合适的召开协商会议的时间。由于集体协商涉及劳资双方的切身利益，需要双方协商代表充分表达意见，需要尽量保证双方协商代表都能准时参会，因此挑选一个恰当的时间就显得尤为重要。二是要做好会场的后勤保障工作。良好的后勤保障工作是促成会议顺利召开，保障会议正常秩序的关键。三是要及时整理好会议记录。在协商过程中，要做好会议记录工作，并在会后及时整理好会议记录送达协商双方，如果有必要公开的，还应及时公开会议记录。

66. 怎样选举产生集体协商代表？集体协商代表有哪些职责和义务？

集体协商代表，是指按照法定程序产生并有权代表本方利益进行集体协商的人员。集体协商双方的代表人数应当对等，每方至少3人，并各确定1名首席代表。

职工一方的协商代表由本单位工会选派。未建立工会的，由本单位职工民主推荐，并经本单位半数以上职工同意。职工一方的首席代表由本单位工会主席担任。工会主席可以书面委托其他协商代表代理首席代表。工会主席空缺的，首席代表由工会主要负责人担任。未建立工会的，职工一方的首席代表从协商代表中民主推举产生。用人单位一方的协商代表，由用人单位法定代表人指派，首席代表由单位法定代表人担任或由其书面委托的其他管理人员担任。

关于集体协商代表的其他事项，需要注意的有：①协商代表履行职责的期限由被代表方确定。②集体协商双方首席代表可以书面委托本单位以外的专业人员作为本方协商代表，委托人数不得超过本方代表的三分之一。③首席代表不得由非本单位人员代理。④用人单位协商代表与职工协商代表不得相互兼任。⑤部分省份规定女职工较多的，职工方协商代表中应当有女代表。工会女职工委员会负责人应当是协商代表。

协商代表的职责包括：参加集体协商；接受本方人员质询，及时向本方人员公布协商情况并征求意见；提供与集体协商有关的情况和资料；代表本方参加集体协商争议的处理；监督集体合同或专项集体合同的履行；法律、法规和规章规定的其他职责。

协商代表的义务包括：协商代表应当维护本单位正常的生产、工作秩序，不得采取威胁、收买、欺骗等行为。协商代表应当保守在集体协商过程中知悉的用人单位的商业秘密。

67. 怎样在协商活动中准确理解和阐述协商者观点？

准确理解协商者的观点，要求劳动关系协调员能够认真地倾听。倾听别人发言必须集中全部注意力，要避免分心的举动或手势，例如看表、心不在焉地翻阅文件、拿着笔乱写乱画，等等，这些动作使人难以集中精力，可能会遗漏协商者所要表述的信息。在倾听协商者表述观点的过程中，协调员应能够认真观察，熟悉谈判的不同特点，以准确把握协商的信息。准确理解和阐述协商者观点的具体技巧包括：

第一，辨析协商者的谈判风格。

谈判风格可以分为正式和非正式两种。正式风格下协商者的处事风格是公事公办，坚持以对方的头衔按照次序称呼，避免个人逸事，尽可能不涉及对方私生活或家庭问题，谈判的氛围比较严肃、规范。而非正式风格下谈判者直接以姓氏称呼对方，希望尽快和对方建立一种私人的友好关系。协商者风格的不同，其话语间会有不同的含义。协调员应该了解协商者的风格，以准确捕捉协商者话语间所表达的真实观点。当协商人员阐述本方观点时，也可以针对不同谈判风格的人员采取不同的表述方式。

第二，观察协商者采取的沟通方式。

有些协商者善于利用资料信息，例如采用圆饼图、数字表格、财务数据等作为论据来支持自己的观点。因此协调员应该具备辨识资料信息的能力，例如能够理解各种图表、数据的准确含义等，以准确理解协商者所表达的信息。同时，善于借助这些手段表达本方观点和主张。

第三，注意双方合意的形成方式。

在谈判过程中，有些协商者倾向于一种非常细致的合同，并通过文本的方式记录在案，以确保合同的内容能够解释所有可能情况发生的结果，协商者从而能够依据合同解释任何因素变化后应该怎样去做。而有些协商者认为首先应该建立一种良好的关系，如果有意想不到的情况出现，双方应该根据良好的关系而不是根据合同来解决。对于双方合意形成方式的不同，协调员应该能够有所区分，前者着重于全面理解集体合同的内容，而后者则一方面要理解集体合同的文本内容，另一方面也要思考合同外双方的关系是否能够应对特殊情况的出现。

第四，判断协商小组的组织结构。

在协商中，有些协商小组的决定往往是由领导者个人作出的，而有些协商小组则是强调共同参与和群体决策，在协商中有时很难区分谁是领导者，谁有决策的权利。为准确理解阐述方的观点，协调员应把握协商小组的发言，要注意整理所有成员的意见。

68. 集体协商有哪些谈判策略?

按照集体协商的进程，可以把集体协商的谈判策略分为开始谈判时的策略、谈判中期时的策略和结束谈判时的策略。

第一，开始谈判时的策略。

首先，一般在谈判开始阶段，往往要提出相对较高的要求，当然与此同时也必须确定一个可以接受的底线。这样便可以形成一个谈判空间，双方在一个特定的谈判空间内讨价还价、进退协商。其次，绝不对第一个出价说“是”，要保持谈判的耐心、把握谈判的节奏。再次，既要保持坚定的立场，也要表现出灵活的、不与人为敌的态度。要掌握一种度，保证谈判在一步一步推进。

第二，谈判中期时的策略。

一是将谈判的决定权模糊化。对方可能在谈判的关键时刻宣称自己没有决定权，所以要取得所谓上级的同意，以此来拖延时间、施加压力；本方也可以运用类似策略，给自己一个回旋空间。二是替换策略。

当对方表示无法接受己方条件时，可以用其他条件的降低来应对。三是不要轻易提出平分差价，但可以鼓励对方提出平分差价，让对方感觉自己是赢家。四是应对困境。谈判中期容易出现双方意见不一致，甚至找不到解决办法的僵局状态。此时，可以先将问题放置一边，转而讨论一些容易解决的小问题，来创造契机，而不要一味地钻牛角尖。另外，在对方要求小的让步时，本方应该要求相应的回报。

第三，结束谈判时的策略。

学会运用“好人坏人”策略，施加压力、缓解紧张氛围。另外，要一点一点地解决问题，把每一个成果落到实处。同时，在结束谈判阶段，要注意坚持自己的终极目标，逐渐减少让步，避免急躁情绪影响下匆匆收场、大幅度退让。最后，在结束谈判的阶段还需要注意与对方保持良好的继续合作的关系，避免不必要的冲突。

69. 集体协商有哪些沟通策略？

集体协商要注意沟通的艺术，良好的沟通策略可以使协商过程更加顺畅，达到更好的协商效果，对于缓解劳资矛盾，促进和谐劳动关系也有益处。在协商过程中，可以注意以下技巧：

第一，双赢策略。

在工资集体协商过程中，要取得双方都满意的结果，既要考虑职工的利益目标，也要兼顾企业行政的利益目标，从企业的实际出发，通过有效的集体协商使双方共同受益。

第二，推进策略。

在工资集体协商中，职工一方协商代表应明确：若劳动力市场求大于供（供不应求），根据“物以稀为贵”的交易原则，在工资集体协商时，可抬高要求，节节推进。若企业对人工成本投入的获利高于对实物成本或技术成本投入的获利时，职工一方协商代表也可以主动提出提升薪酬待遇的要求。

第三，退让策略。

若劳动力市场供大于求，本企业经济效益低下，而且无论增加何种成本投入，经济效益预期仍难预料，此时，职工协商代表应当采取退却策略，以暂时的让步，换取未来的回报。

第四，坚守策略。

若劳动力市场供求关系处于不稳定状态，企业内部人工成本投入和其他成本投入之间的效益比不稳定，此时，职工协商代表宜采取坚守策略，坚持不降低原有工资标准，并力争有所提高。

第五，迂回策略。

各项劳动标准之间有着内在联系，即存在此消彼长的关系。对此，职工协商代表可采取相应的迂回策略。例如，当企业协商代表要求降低工资增长幅度时，职工协商代表可要求降低劳动定额，或要求提高加班加点工资标准；当企业提出裁减人员时，职工协商代表可要求缩短工作时间，实行带薪年休假等。

第六，包容策略。

在工资集体协商中，要允许对方提出不同的观点、意见，认真倾听，理性思考，正确对待，求同存异，保证工资集体协商在和谐有序的气氛中进行。

70. 怎样起草集体协商草案?

一般来说，起草集体合同文本可以有三种方式：一是由工会方面起草。二是由企业方面起草。三是由工会和企业方面共同组织有关人员一起起草。从市场经济国家的实践来看，集体合同文本由工会方面起草的情况较多。因为进行劳资谈判，签订劳资合同的要求一般都是由工会首先提出的。工会方在起草过程中，为了保证集体合同文本的文字表述准确清楚、逻辑严谨，可以经常借助律师、专家的帮助。

第一，起草集体合同文本的基本要求。

在起草集体合同过程中必须把握几个要点：一是拟定草案应参照有关法律、法规和政策，以及同行业和具有可比性企业的劳动标准，包括集体合同范本和其他与签订集体合同相关的资料等。二是集体合同内容应从企业实际出发，避免千篇一律，毫无特色的统一文本。三是把握集体合同内容应当具备的法定要件：订立集体合同的双方主体须具有法定资格，集体合同的必备条款必须涉及劳动条件与劳动标准等内容，集体合同内容的协商条款可由劳动关系双方酌情议定，集体合同中应有明确的法律责任规定，集体合同应标明履行期限。四是集体合同的格式应讲求规范，避免随意性。五是根据内容不同，集体合同可以分为综合性合同和单项性合同两种类型。六是集体合同内容应当具体，具有可操作性，避免过于笼统、原则。七是集体合同内容的文字表述应当准确明了，逻辑严紧，避免含糊不清、容易引起歧义的表述。八是在起草集体合同文本时要严谨、认真、仔细，尽量为下一步的协商过程打下一个良好的基础，避免一些不必要的人力和时间上的浪费。

第二，起草集体合同应注意的问题。

首先，工会应成立由工会及职工协商代表组成的合同起草小组，有条件的企业应先对职工协商代表进行培训，使其了解集体协商和集体合同制度的相关知识和基本方法。其次，合同起草小组首先审查到期的集体合同内容，如果需要可提请进行修订；对集体合同内容中涉及某些特殊工作场所或涉及某些特殊技术方面的规定，可以请有关专家协助论证。再次，可以将起草的集体合同草案征求职工的意见。对于首次进行集体协商的企业，如果工会缺乏相关经验，可以求助于上级工会或劳动行政部门协助指导。

71. 怎样应对职工代表（职工）对集体合同草案的质询？

接受职工代表或普通职工对集体合同草案的质询，是每个协商代表应该具备的能力。这项能力实际上要体现于集体协商工作的整个过程当中。

接受集体合同草案的质询，前提是要熟知相关法律法规和政策规定，因为集体协商的整个过程都是在法律框架内运行的，所有合同条款的制定都应该有法律依据。所以，在回答质询过程中，娴熟地把握和运用法律法规，是对集体协商代表的最基本的要求。

对于集体协商，签订集体合同的目的和意义要有整体的认识，对集体协商的具体进程要有详细的了解，对协商过程中的重点、协商中的争议焦点要有清醒的把握。这样在回答职工或其代表质询时，就会心中有数，把每一个具体问题放到集体协商工作的大局当中，作出明确的回答。

要善于倾听，抓住关键。集体协商代表接受职工的质询，是一个很好的交流沟通的过程，而不是进行单方面的宣讲，所以，要善于倾听职工的声音，并能够迅速抓住主要问题，作出适当的回应。同时，集体协商代表必须具备良好的归纳和表达能力。能够把集体协商的意图、合同条款的含义清楚准确地阐述出来，让听众理解和明白。

坚持实事求是的态度。对职工提出的问题、意见、要求，要在具体分析的基础上给予不同的回应。对职工不理解的条款，要耐心解释；对于职工把握不准的问题，要作出明确清晰的说明；对于合同草案当中的确存在的不足之处，要虚心接受，为修改完善合同文本做好准备。

除了熟知劳动法律法规，了解本企业的实际之外，协商代表还应该尽可能扩大自己的知识面，了解社会现实中的热点、政治经济形势的走向、政策法规环境的最新变化等，因为这对于全面回应各方人员对集体合同的质询，将发挥非常有益的作用。

72. 区域性、行业性集体合同是什么？

区域性集体合同是指在一定区域内（指县、区，乡、镇，街道、村），由区域性工会联合会与相应经济组织或区域内企业，就劳动报酬、工作时间、休息休假、劳动安全卫生、保险福利等事项进行平等协商并签订的集体合同。行业性集体合同主要是指在一定行业内，由地方工会或者行业性工会联合会与相应行业内企业方面代表，就劳动报酬、工作时间、休息休假、劳动安全卫生、保险福利等事项进行平等协商并签订的集体合同。

在一个企业签订的工资专项集体合同与区域性、行业性集体合同的关系可以从以下两个方面进行分析：

第一，区域性、行业性集体合同是工资专项集体合同的二次覆盖。

由于我国多层级工资集体协商模式的存在，不可避免地在某些地区，企业、行业和区域性工资专项集体合同会出现重合的现象。行业、区域性工资专项集体合同依法生效后，对本行业、本区域的企业和职工均具有约束力。在已签订了行业、区域性工资专项集体合同的地区和行业，所覆盖企业可根据实际情况，进行二次工资集体协商，签订企业层级工资专项集体合同。其中一种情况是企业在行业、区域性工资专项集体合同的框架下，只签订执行协议，表明执行行业、区域性工资专项集体合同。另一种情况是签订契合企业自身特点的、具体量化标准的企业层级工资专项集体合同，这就是工资专项集体合同的二次覆盖。在二次覆盖的情况下，单个企业签订的工资专项集体合同，其确定的劳动条件和劳动报酬标准，不得低于本行业或者本区域签订的行业、区域性工资专项集体合同的规定。

第二，不同层级工资专项集体合同的法律效力从属问题。

据我国有关法律规定，一般来说，行业性、区域性工资专项集体合同的效力要优于企业工资专项集体合同。在企业工资专项集体合同与区域、行业性工资专项集体合同内容不一致时，应当优先适用对劳动者有利的条款。

73. 怎样进行区域性、行业性集体协商？

以工资集体协商为例，根据《中华全国总工会关于积极开展行业性工资集体协商工作的指导意见》，开展行业性工资集体协商，要严格履行协商程序，充分表达行业职工的意愿要求，协议内容应得到双方的一致认可。其一般应按照以下程序进行：

一是要以书面形式向企业方提出协商要约或回复企业方提出的协商要约。

二是要做好协商前的各项准备工作，特别是熟悉掌握相关法律、法规、政策规定，收集了解相关资料、信息及企业和职工意见，确定行业性工资集体协商议题。

三是进行行业性工资集体协商，在双方协商一致的基础上形成行业性工资集体合同（草案）。

四是建立了行业职工代表大会的地方，行业性工资集体合同（草案）应该提交行业职工代表大会讨论通过。

五是在行业性工资集体合同框架下，企业结合自身实际开展二次工资集体协商的，其确定的劳动报酬标准不应低于行业性工资集体合同规定的标准，具体做法应参照《工资集体协商试行办法》等有关规定进行。

六是行业性工资集体合同签订后 10 日内，工会应当协助企业方将行业性工资集体合同文本一式三份及说明，报送当地劳动行政部门审查。劳动行政部门审查同意后，行业性工资集体合同即行生效。双方协商代表应将已经生效的行业性工资集体合同以适当形式及时向行业内企业和全体职工公布。

七是行业性工资集体协商未达成一致意见或出现事先未预料的问题时，经双方同意中止协商的，工会应积极做好向职工说明情况和下次协商的相关准备工作。行业性工资集体协商一般每年进行一次。工会可在原行业性工资集体合同期满前 3 个月内，向企业方书面提出重新签订或续订的要求，并发出协商要约。

区域性集体协商签订的程序并没有明确的国家法律条文作为参考，但基本程序与行业性集体合同签订相似。另外，可以遵照相关书籍和各地的地方政策规章。如中华全国总工会集体合同部编写的《工资集体协商典型案例分析（区域篇）》，吉林省劳动和社会保障厅出台的《吉林省关于推行区域性行业性集体协商签订集体合同工作的指导意见》以及石家庄市出台的《石家庄市区域（行业）性集体合同试行办法》，等等。

74. 怎样对区域性、行业性集体合同履行情况进行监督检查?

加强对区域性、行业性集体合同履行情况的监督检查，要建立相应的监督检查组织，制定和完善各项监督检查制度，形成上下结合，内外互动的工作体系。监督检查组织可以有以下的几种方式：一是通过企业集体合同监督检查委员会，加强对区域性、行业性集体协商的监督检查。二是依托职工代表大会专门工作委员会进行监督检查。三是健全区域性、行业性专项集体合同监督检查组织和劳动关系三方协调机制监督检查组织，加强对区域性、行业性集体合同履行情况的监督检查。四是依靠集体协商指导员，加强对工资集体协议的监督检查。同时，加强区域性、行业性的监督检查要建立健全履行情况报告制度、履约责任制度、信息通报制度、整改建议制度和职工举报制度，等等。

75. 集体合同履行的原则有哪些?

集体合同履行是指集体合同主体双方按照集体合同规定履行自己应当承担的义务。履行集体合同应当遵循实际履行、全面履行和协作履行的原则。

第一，实际履行原则。

集体合同生效后，当事人双方按照集体合同规定的时间、地点、数量以及履行方式等，全面完成集体合同规定的义务，不得以其他标的或方式来代替。该原则表现在两个方面：一是一方当事人即使违约，也不能以罚金或赔偿损失来代替合同标的的履行，除非违约方对合同标的的履行对另一方当事人已无实际意义。例如，用人单位如果未履行劳保用品发放的义务，违背了劳动安全与卫生的集体合同，即使受到劳动保障部门的处罚，也必须重新对劳保用品进行发放。二是一方当事人不履行合同时，另一方当事人有权请求仲裁机构和法院敦促其履行。实际履行的原则要求劳动者一方要按照集体合同的约定提供劳动；用人单位则应按照集体合同的约定提供劳动条件。

第二，全面履行原则。

全面履行是集体合同双方当事人应按照约定全面履行自己的义务，它要求当事人按照合同约定的内容，在履行期限、履行地点以适当的履行方式，全面地完成合同义务。当事人一方在履行中对合同约定义务的任何一个环节的违反，都违反了全面履行原则。集体合同的全面履行在很大程度上有赖于对集体合同履行所实施的监督检查。

第三，协作履行原则。

协作履行的原则是指集体合同双方当事人在合同的履行过程中发扬协作精神，共同完成合同规定的义务，共同实现合同规定的权利。协作履行的原则要求任何一方都要保证自己能够实际、全面履行合同的内容和条款。任何一方完成自己的任务，就为合同的履行打下了良好的基础，也是协作的前提之所在。在集体合同履行的过程中，双方当事人要相互关心，并进行必要的相互检查和监督。在双方遇到问题时，应进行及时沟通，寻求解决问题的办法，避免事态扩大。当集体合同没有得到正确的履行或发生不适当履行时，任何一方违约，另一方都要帮助其纠正。

76. 怎样收集整理集体合同履行情况？

集体合同正式生效之后，集体合同的履行质量决定集体合同制度的效果。劳动关系协调员应该具备收集集体合同履行情况的能力。收集集体合同履行情况需要有正确的渠道和有效的方法。

第一，检查集体合同公布情况。

集体合同签订生效之后，首要的工作是以适当的方式向企业全体人员公布。在此阶段，劳动关系协调员应该重点关注企业公布集体合同的方式是否得当。根据不同企业的特点，集体合同文本可以采用不同方式进行公布，比如在企业宣传栏里张贴、在职工大会上宣布、在企业内部网站上公布，最好的办法是将集体合同印成手册，发给每一个员工。如果需要检查是否已将集体合同文本送达至每个员工，可以采用员工签收的方式。

第二，职工个别访谈。

进行职工访谈是收集集体合同履行情况的最有效的途径，个别访谈可以使职工消除顾虑，畅所欲言，表达最真实的想法和意见。协调员应该详细记录职工的意见，并进行汇总分类，报告有关部门。

第三，职工座谈会。

召开职工座谈会也是收集集体合同履行情况的重要途径。较之职工个别访谈，座谈会效率更高，可以在短时间之内收集到多方面的信息，也比较容易发现哪些问题是职工群众普遍关心的问题，哪些问题是迫切需要解决的问题。

第四，与企业方沟通。

劳动关系协调员应该主动约见企业有关部门的负责人，询问集体合同条款的落实情况。同时，了解企业方面遇到的问题和障碍，帮助进行必要的协调沟通工作，促进集体合同按期履行。

收集集体合同履行情况的信息，需要特别注意重点和层次。对于集体合同中的重点内容，要给予重点关注。比如在困难企业，工资的按时足额支付是职工群众最为关心的问题，在合同履行当中，这项内容就应该给予特别的关注，要深入实际调查企业是否按照合同的约定，按时足额支付了工人的工资。在一些有毒有害问题集中的企业，劳动安全卫生问题是头等大事，必须首先对这方面的事项进行监督检查。

77. 怎样监督检查集体合同履行情况?

要保证集体合同的有效履行，必须建立起行之有效的监督检查机制，这套机制应该由严密的组织机构、行之有效的方式方法和对违约行为的处理处罚构成。

第一，组织形式。

由企业党政工联合组成集体合同监督检查小组，由企业的上一级工会（或以工会为主）组成的集体合同监督检查小组，职代会下设以工会和职工代表为主的集体合同监督检查专门小组。在实践中，上述各种形式的监督检查组织机构，可以形成一种纵横交错的工作网络。

第二，方式方法。

集体合同的监督检查从其方式上来说，可以采取以下三种形式：常规巡查、随机抽查、针对某个问题进行重点检查。集体合同的监督检查从其方法上来说主要有两种：一种方法是负责监督检查的人员亲临企业现场；另一种方法是建立信息反馈制度，掌握来自实践中的情况。

第三，处理措施。

对于集体合同履行中存在的问题应及时采取得力的处理措施。包括向违约当事人发出通告，并规定出一定期限责令其改正；在通告发出之后规定的期限内，若违约当事人未改正其错误的做法，根据违约行为的具体情况给予相应的行政和经济处罚；对于个别因违约而造成对企业财产和职工权益重大损失和侵害的当事人，可交由司法机关追究刑事责任。

78. 怎样协调解决用人单位集体合同履行中的争议?

集体合同履行中的争议属于集体合同争议的一种。面对集体合同履行过程中出现的各种问题，首先，劳动关系协调员必须有敏锐的判断能力，熟悉法律法规的每一个详细规定以及集体合同的各项条款，在经常性的检查当中，及时发现问题，准确抓住问题的关键所在，通过早期干预，避免问题严重化。其次，要掌握解决处理问题的方式方法，处理履行集体合同的争议，要尽量先就争议问题进行协商，就存在的问题进行沟通、讨论。有些情况下，企业方面可能是由于不清楚法律政策导致的失误，这时应该及时提醒并向其讲解相关法律法规，帮助其纠正错误。争取经过协商沟通，使企业方面了解相关法律政策，同意继续全面履行集体合同，避免激化矛盾。再次，对于不听从劝告，坚持拒绝履行集体合同从而引发争议的行为，要按照法律法规的规定，向劳动争议仲裁委员会申请仲裁。

案例：武汉 XW 印刷有限公司推行工资集体协商

一、公司情况简介

成立于1998年4月的武汉 XW 印刷有限公司系中美合资企业。公司成立之初，只有几台设备，20余人。在这些职工中，有原国有印刷厂的派出人员、社会招聘人员以及美方派驻人员。如何把职工群众的心凝聚在企业，共谋企业发展，是公司领导经常考虑的问题。特别是2001年公司进行改制，职工增加到近200人的情况下，公司领导对职工队伍的建设越加重视起来。

公司成立之初，率先建立了党的基层组织。2002年12月，公司成立了工会组织，并召开了一届一次职工代表大会及会员代表大会。在此次会议上，依据《工会法》、《职工代表大会工作条例》的规定，公司总经理与公司工会代表签订了《集体合同》，并根据规则的条款和程序签订了《员工工资集体协议书》，从而规范了这家中外合资企业的劳动关系。

二、第一次工资集体协商一波三折

2002年11月，该公司在职工代表大会召开之前进行的第一次集体协商，主要围绕职工提出的“单日息工工资增长议题”、“整月息工工资增长议题”、“加班工资议题”和“职工年人均工资随企业利润增长幅度”等问题进行协商。

在协商过程中，公司方与职工方在一个多月内进行了六轮协商，十余次会下沟通。其中以“职工人均工资的涨幅”为议题的讨论最为激烈。工会代表认为：随着公司效益的逐年增长，职工应分享企业发展的成果。工资应随着效益的提高而同比增长。公司代表则认为：假设公司利润增长5%时，职工工资同比增长5%，公司每年要多支出几十万元。利润的增长部分基本上就会被工资消化掉了，不仅股东不能分红，连公司公积金、公益金也无法保证。

经过几个回合的协商，公司总经理指出：一方面，目前印刷市场竞争激烈，要满足“魔高一尺，道高一丈”的防伪要求，就要不断加大高科技设备的投入，以增强企业的市场竞争能力和抗风险能力，需要认识到，股东的合法权益也需要保护。另一方面，职工为企业作出贡献，分享企业发展成果，提出增加工资的要求也是合理的、必需的。考虑到公司的承受能力和职工的工资现状，建议年均工资涨幅初步定在2%。在实际操作中，一线员工工资的增幅要高于管理层工资的涨幅，让低收入职工每年增资在5%左右。

由于协商双方都能做到换位思考，对协议书中的各项条款最终达成了一致。在公司第一届一次职工代表大会上，劳资双方代表正式签订了职工工资集体协商协议书。协议书除了工资涨幅的条款外，还规定：当生产经营困难时，职工的日息工工资由原来的6元标准调整为不低于8元；月息工工资由原来的120元调整到240元，增长100%。而且，按政策规定，职工养老保险和医疗保险应当由个人缴纳的部分，也全都由公司承担。

近年来，随着企业生产经营的良性发展，在企业利润增长的情况下，公司兑现了协议书上的承诺，员工的工资收入也在按规定的比例增长。

三、企业发展，员工对收入的“期望值高了”

近两年，由于业务量和生产规模不断扩大，原来的老厂房、老设备日益成为制约企业发展的瓶颈。公司班子当机立断，毅然举债并投资一千多万元在庙山开发区建起了现代化的生产基地，先后两次从美国引进当今世界上最先进的数字喷墨印刷系统生产线，并购进了各类配套设备，仅此一项又投入资金一千多万元。这些硬件的投入，大大提升了企业产品的科技含量，被市科委、市外经局授予“先进外商投资企业”称号。

企业发展了，职工们对收入的“期望值”也高了。

2005 年年初，武汉 XW 印刷有限公司工会向公司通报工会工作思路时，主动反映了部分职工希望增加薪资收入的期望，提出将“第二次工资集体协商”作为 2005 年工会的重要工作之一，得到公司的肯定和支持。

四、第二次工资集体协商具体开展

为确保工资集体协商的质量，有效开展工资集体协商，公司工会广泛收集职工意见，把职工意见向经理办公室提出要约并草拟协议书初稿；工会主席与分管劳资的副总经理就方案的基本务款进行磋商；工会主席，工会生活福利委员、民主管理委员与公司劳资、财务等专业人员一起算细账。为了保证集体协商工作的顺利开展，公司工会邀请了劳动关系协调员来指导协商工作的开展。

劳动关系协调员进驻企业后，认真查看了公司第一次集体协商的相关文件，并通过访谈了解了企业行政和职工对于此次工资集体协商的意见。在正式协商前，劳动关系协调员对通过民主协商后产生的 5 名“协商代表”进行了有关培训，学习了国家关于劳动和社会保障的有关法律，了解和掌握了谈判和沟通的有关程序和技巧。同时，劳动关系协调员还积极向企业行政进行沟通，为其介绍关于工资集体协商的最新要求，并在劳资共赢的前提下积极促进企业工会与企业行政达成共识，使职工和行政双方做到“五清楚”，即：企业生产经营和发展情况清楚，调资指导思想和初步方案清楚，员工对调资要求想法清楚，本行业薪资水平清楚和国家工资政策清楚。随后，劳动关系协调员又组织协商代表及时召开员工座谈会，开展问卷调查，广泛听取各方面的意见和建议，将职工的增资期望归纳为调整岗位工资、确定本次增资幅度和提高息工生活费三个方面的诉求。

“五清楚”和三项要求成为公司此次工资集体协商的基础。在工资集体协商过程中，工会与行政双方都以“双赢”为目标，经反复沟通，努力寻找劳资双方都能接受的平衡点，最终形成双方较满意的工资协商方案。2006 年 1 月 6 日，公司签订了第二轮工资集体协议，在分配制度、工资水平、年终奖金、生活费上都达成了双方满意的结果。

五、总结

劳动关系协调员认为，“工资集体协商”是劳资双方就内部工资分配制度、形式和分配水平等在协商一致基础上依法签订的协议。虽然在协商中劳资双方对一些条款难以完全达成一致，但通过双方的平等协商，至少让职工有表达意愿的平台，职工的协商权得到尊重，有利于激发职工的劳动积极性和自觉性，有利于构建和谐的现代企业，这是企业对职工的“最实在的工作”。劳动关系协调员还指出，集体协商的过程，既是争取职工权益的过程，也是职工觉悟的过程，更是职工凝聚民主意识的过程。同时，职工们也逐渐懂得了“皮之不存，毛将焉附”的道理——唯有企业发展生产，提升经济效益，才能提高职工的整体利益。

五 劳动规章制度建设

79. 在劳动规章制度制定过程中，有哪些要点与注意事项？

劳动规章制度是指用人单位按照法定程序制定的，在用人单位内部对用人单位和劳动者具有约束力的劳动规章制度的总称。依据《劳动合同法》第四条第二款规定，劳动规章制度包括劳动报酬、工作时间、休息休假、劳动安全卫生、保险福利、职工培训、劳动纪律以及劳动定额管理。而在企业劳动规章制定过程中通常会涉及招聘、薪酬福利、绩效考核、培训、考勤、奖惩等方面的内容。下面就从这几个方面展开，介绍劳动规章制度制定过程中的要点及注意事项。

第一，招聘制度。

招聘制度是企业劳动规章制度的重要组成部分，把好招聘录用关，确保企业找到合适的员工至关重要。同时，在招聘制度的制定环节，应严格遵守相关法律法规的规定。从实际工作的角度来看，企业在实施招聘制度时应注意以下几点：

一是避免歧视性内容。根据《就业服务与就业管理规定》第二十条的规定，招聘信息不得包含歧视性内容，否则属于违法行为。招聘歧视又称就业歧视，主要包括性别歧视、民族歧视和身体残障歧视、传染病歧视、城乡户籍歧视等。这些都是《劳动法》、《就业促进法》等法律所明令禁止的。

二是必须履行告知义务。和谐的劳动关系应当在公平、平等的基础上建立。在招募开始实施之后，企业和求职者都承担着法律要求的告知义务。法律规定了企业在录用求职者、订立劳动合同前，应履行如实告知义务，即企业不需求职者询问而必须主动地告知真实情况，包括工作内容、工作条件、工作地点、职业危害、安全生产状况、劳动报酬等。除此之外，求职者若希望了解企业的其他情况，如福利、培训、劳动规章制度、劳动纪律等，也可使用知情权，明确向企业提出要求。求职者提出要求，企业应当如实告知，但涉及企业商业秘密等需要对求职者保密的内容除外，履行告知义务可以降低企业可能面临的法律风险。相应地，与求职者的告知义务对应的是企业的知情权。企业询问求职者与工作相关的信息时，求职者必须如实说明。法律对企业可询问的内容进行了界定，企业只能询问求职者与劳动合同直接相关的基本情况（《劳动合同法》第八条），主要包括健康状况、知识技能和工作经历等。与劳动合同非直接相关的基本情况，如涉及个人隐私问题，求职者可以不履行告知义务。企业或者求职者任何一方违反告知义务都要承担相应的法律责任。一旦对方违反了告知义务，并且构成了欺诈行为，劳动合同依法就将全部或者部分无效。在合同无效的情况下，无过错的一方可以解除劳动合同。

三是符合企业发展需要。招聘员工的情况必须符合企业发展的需要，企业发展战略决定了企业人力资源规划的制定以及招聘制度的确定，为企业引进合适的人才，才能为企业的发展提供强有力的人才支撑，不断提升企业员工素质是招聘工作的重要目标。

第二，薪酬福利制度。

依据《劳动合同法》第十七条规定，劳动报酬、社会保险都是劳动合同中的必备条款。《劳动争议调解仲裁法》第十六条规定，因支付拖欠劳动报酬、工伤医疗费、经济补偿金事项达成调解协议，用人单位在协议约定期限内容不履行的，劳动者可以持调解协议书依法向人民法院申请支付令。因此，在薪酬福利制度的制定中应注意相关方面的合法性问题，即满足最低工资标准要求、同工同酬、合理设定加班工资标准、足额缴纳社会保险等。

在实际工作中，企业薪酬福利制度与企业每一位员工的切身利益都息息相关，因此极易引发劳动争议，其制定应注意以下几个方面的内容：薪酬福利制度适用范围、薪酬福利管理权责、薪酬分配的结构、薪酬福利水平、特殊情况下的薪酬福利支付、薪酬福利调整办法、薪酬福利发放及保密、薪酬福利异议及处理、附则等。

第三，绩效考核制度。

企业依据绩效考核结果调整员工岗位或者与员工解除劳动合同的合法性是企业劳动关系管理工作的重点，处理不当将会引发劳动争议，增加管理难度，在绩效考核制度的制定中应更加谨慎，力争做到绩效考核制度的合情、合法、合理。

如果企业可以通过确凿的证据证明员工无法胜任当前工作，通过调岗或培训后仍然无法胜任，依据《劳动合同法》的规定，此时企业可以与员工解除劳动合同。然而，如果因此产生劳动争议，员工往往会对企业的绩效考核制度或者方案提出质疑。此类争议的解决成本较高，因此在设计绩效考核制度和方案时，要尽量保证严谨性，尽量站在企业和员工的双重视角进行审视，降低劳动争议发生的可能性。

第四，培训制度。

企业在制定和实施员工培训制度的过程中，不能忽视可能涉及的一系列法律问题。企业对员工培训的合法实施，不仅有利于维护企业自身发展的权利，也有利于保护员工自身及发展的合法权利，减少劳资双方的矛盾与纠纷，促进企业和谐的劳动关系。因此，确保企业培训制度的合法实施，全面了解《劳动合同法》及相关劳动法律法规对于培训所涉双方的权利规定，是企业进行员工培训以期达到自身长远发展的前提条件。在实务中，企业培训制度的制定应注意以下几个方面：专项培训费用的规定；服务期的规定；竞业限制相关条款的规定及其可能引发的劳动争议问题等。

第五，考勤与休假制度。

企业有权依法对劳动者的考勤和休假进行管理。鉴于我国现行法律对于考勤和休假的程序和手续并无具体法律规定，企业可以根据实际情况加以规定。实务中，为了考勤与休假制度的顺利实施，尽量避免劳动争议的发生，企业在制定考勤与休假制度中应注意以下要点。一方面，在制定考勤制度时应该对以下内容进行详细、准确的界定：正常工作时间、休息时间、考勤方式、对迟到早退和旷工的解释、违反考勤制度的处罚措施；另一方面，一套完善的休假制度应包含假期的种类、休假程序、假期的批准权限、休假的实现、休假方式、假期未用的处理、假期工资待遇以及违反休假制度的处理措施等方面的内容。

第六，奖惩制度。

奖惩是企业常用的激励手段，适当的奖惩制度有利于提高企业的生产经营效率，但需要注意的是，企业劳动规章制度中的惩戒权必须合法行使才能获得法律支持，不恰当的奖惩制度容易引发劳动争议，甚至对企业产生负面的影响。通常地，奖惩制度中的奖励制度会对企业员工起到正向激励作用，但如果奖励制度不当也可能遭到员工非议，引发不满情绪；惩罚制度的实施通常会对员工进行纪律处分、经济处罚、解除劳动合同等，更加容易造成劳动争议，企业在使用惩罚制度时应更加谨慎，不得滥用惩戒权，尽可能地降低惩戒风险。

在实践工作中，奖励可以通过发放物质奖励、提供晋升机会、公开表扬等方式实现；而惩罚主要通过行政处分、罚款或者赔偿和解除劳动合同等方式实现。不论是奖励还是惩罚，都需要公平、合理、完善的绩效考核制度作为依据，否则极易引发员工的不满情绪。

80. 劳动规章制度的制定程序是什么？

劳动规章制度制定的原则是：合法、民主、公正。与此相适应，制定程序也要充分体现这一原则。《劳动合同法》第四条规定，劳动规章制度制定的程序一般包括起草、讨论、通过和公示四个步骤：

第一，起草草案。

劳动规章制度的起草一般有两种情况：一种是起草新的劳动规章制度，一种是修改旧劳动规章制度。起草人一般是企业行政人员，也可委托外界顾问或专家代为起草。制定草案的具体过程可依照以下程序进行：

一是选定起草人员。拟定劳动规章制度是一项具有一定政策性、知识性和技术性的工作，需要专业的团队才能完成。企业应当选择懂法律政策，熟悉企业实际经营状况，有管理知识以及较高文字写作能力的人员组成起草团队，承担企业劳动规章制度的起草工作。起草团队中既要有企业领导和人事劳资管理业务人员，也要吸收工会干部和职工群众参加，以形成多层次的人员组合。起草团队的人数没有特别的规定，但是要注意精干有效的原则。如果企业难以组成专业化的起草团队，也可以委托专门的劳动保障政策法律咨询机构代为起草。

二是拟定起草大纲。为了保证起草工作有序进行，在确立了起草班子后，要由起草人员拟定劳动规章制度大纲。劳动规章制度大纲，就是确定其基本框架、体系构成、内容梗概，明确起草工作的指导思想、方法步骤、人员分工，起草工作的要求以及完成起草工作的时间等。起草大纲须经企业行政部门讨论审定后方可开始起草工作。起草大纲决定着以后起草工作的成败，一定要反复论证，多征求群众和有关专家的意见，确定成熟后再着手起草。

三是形成草案文稿。起草工作人员按照起草大纲确定的框架和内容，在计划时间内进行起草工作，形成劳动规章制度草案的文稿。形成的草案文稿虽然不是正式的劳动规章制度，但也应符合劳动规章制度的外在表现形式，即符合一般的格式要求，内容也应全面。

第二，职工讨论。

依据《劳动合同法》第四条第二款规定：用人单位在制定、修改或者决定有关劳动报酬、工作时间、休息休假、劳动安全卫生、保险福利、职工培训、劳动纪律以及劳动定额管理等直接涉及劳动者切身利益的劳动规章制度或者重大事项时，应当经职工代表大会或者全体职工讨论，提出方案和意见，与工会或者职工代表平等协商确定。这里确立了劳动规章制度在制定程序上必备的法律程序，即经由职工代表大会或全体职工讨论、修改。

企业劳动规章制度草案的修改，应按照一定的步骤次序进行。通常先由起草工作人员自行修改，然后召开职工代表大会或全体职工大会讨论、修改；之后，再由起草人员征求各方意见的基础上进行综合整理、去粗取精，对文稿进行修改补充。在讨论、听取修改意见时，要让企业员工畅所欲言，把对劳动规章制度草案的各种意见都发表出来，既要听取同意的、赞扬的意见，也要听取批评的、反对的意见。经过反复讨论和征求意见，对文稿作反复的修改后，形成比较成熟的审议文稿。

第三，协商通过。

企业的劳动规章制度草案经征求职工代表大会或全体职工意见后，企业应对意见或方案进行梳理、修订和总结，完善劳动规章制度草案，从而形成制度建议稿。然后，企业需要派代表同工会或者企业职工代表共同对企业劳动规章制度建议稿进行协商，最终形成企业劳动规章制度的终稿。在我国，虽然司法解释要求劳动规章制度要“通过民主程序制定”才能具有法律效力，但对何为民主制定并无明确的说明。考察我国相关法规政策，一般认为，民主制定包含工会同意、职代会通过、职工代表投票通过等几种方式。

第四，制度公示。

企业制定的劳动规章制度，经法定程序，确认其内容合法、程序有效后，要由企业法定代表人签字并加盖企业行政公章，作为正式文件向全体员工正式公布。公示是指把劳动规章制度告知每一个新加入企业的劳动者，或者是把新制定的劳动规章制度正式公布，告知企业的所有劳动者。关于公示的方式，我国并不存在相关的规定或要求。在实务中，企业公示的目的是使员工知晓企业的劳动规章制度，可以通过网站、电子邮件、公告栏、员工手册、会议、培训和劳动合同附件等手段进行公示，告知员工必须遵守企业制定的劳动规章制度。需要指出的是，作为企业内部的劳动关系工作者，还必须有证据证明员工已经知晓企业的劳动规章制度，否则后果非常严重。

81. 劳动规章制度的框架结构是怎样的?

企业在制定劳动规章制度时，不仅应该做到内容合法、符合企业发展要求，还应该做到形式结构的规范化。作为管理劳动关系最重要的工具，劳动规章制度实际上就是企业内部的法律。因此，在制定劳动规章制度时可以参照法律条文的表述形式，便于企业在发生劳动纠纷时，法院、劳动仲裁委员会作出公正的判决。根据相关法律条文通用的表述形式，企业的劳动规章制度的框架结构可以分为以下三个部分：

第一，前言。

企业劳动规章制度前言部分应包含三个部分：一是劳动规章制度的目的或原则，要明确告知员工劳动规章制度制定的目的和制定原则；二是劳动规章制度的适用范围，不同层级、不同职能的员工或不同地域的分公司、子公司，其所在地所使用的劳动规章制度也有所不同，因此，在制定劳动规章制度时需要明确其适用范围；三是劳动规章制度的相关术语解释，该部分是对劳动规章制度的完善和补充。

第二，主文。

企业的劳动规章制度在主文部分应明确企业员工所享有的权利、需要履行的义务以及需要承担的责任。劳动规章制度中的权利规定了员工应该享有什么权利，即在双方保持劳动关系期间应当做什么，是劳动规章制度的核心部分。例如，企业的奖惩制度规定在什么情况下，员工有权利获得奖励。劳动规章制度的义务明确了员工在和企业保持劳动关系期间不应当做什么。例如，企业的考勤制度规定了员工需要履行公司上班时间的义务；责任是当员工违反了劳动规章制度中对员工义务的规定后应该承担的后果，例如，在企业的考勤制度中，若员工违反了其按时上下班的义务，就应当承担相应的后果、责任。

第三，附则。

企业劳动规章制度附则部分应该包括三方面：一是劳动规章制度

的解释、修改，应明确具有解释、修改权利的主体，以及进行解释、修改的原则；二是劳动规章制度的追溯力，要明确企业的劳动规章制度不具有追溯力，即现下颁行的劳动规章制度对于企业成员以往的行为不具有规范力；三是劳动规章制度的生效时间，同国家制定的部分法律有所不同，劳动规章制度的生效日期可以自颁布之日起实施。

82. 企业劳动规章制度和法定劳动基准、集体合同、劳动合同的关系有哪些？

从法理上说，规范劳动关系一般有法定劳动基准、集体合同、企业劳动规章制度和劳动合同三个层次。这三个层次的劳动关系规范的关系是效力递减、劳动条件递增的关系。因此，从效力层次上看，劳动规章制度和劳动合同所规定的劳动条件和劳动待遇不能和更高层的法律法规相冲突。从另一个角度讲，劳动合同有专门的法律法规加以规范，企业劳动规章制度法律效力生效的前提是不得与更高层次的法律法规相抵触。也就是说，如果企业劳动规章制度中的部分条款不符合《劳动合同法》的规定，则企业的劳动规章制度并不具有法律效力。

针对劳动合同约定和劳动规章制度规定不一致的情况下应优先适用哪个规定，依据《最高人民法院关于审理劳动争议案件适用法律若干问题的解释》第十六条规定，用人单位制定的内部劳动规章制度与集体合同或者劳动合同约定的内容不一致，劳动者请求优先适用合同约定的，人民法院应予以支持。

在理解不同层级的法律规定或劳动规章制度之间的法律效力的关系时，我们不仅需要知道不同层级的法律或规定之间的效力层次关系，还需要知道它们的设立背景和制定目的。确定劳动合同和集体合同的优先适用效力，主要目的是为了防止有的用人单位，特别是企业的经营管理者不正当行使劳动用工管理权，借少数人的民主侵害多数职工依法享有的民主权利，从而倡导运用协商对话、集体谈判的机制建立和谐劳动关系，维护和推行集体劳动合同制，促进劳动力市场管理秩序的规范。针对这个问题，用人单位有必要对劳动合同的条款进行设计，在劳动合同中约定用人单位依法制定的劳动规章制度具有法律同等的效力，要求劳动者必须严格遵守；同时根据岗位特点，把劳动规章制度的部分内容签订到劳动合同中去，从而把劳动规章制度的部分内容转化成双方的约定条款，以提升劳动规章制度的效力，增加劳动规章制度的可操作性。

83. 在编写劳动规章制度中，有哪些编写规范？

实务中，企业要制定一套完备的劳动规章制度，不仅需要符合法律的要求，还需要符合技术要求，具体内容如下：

第一，内容要有依据性和针对性。

劳动规章制度属于法规性文书，是国家法律、法规和政策的延伸、细化。因此，劳动规章制度的内容必须严格遵守国家的法律、法规，必须符合党和国家的政策、法令。实务中，有些企业的劳动规章制度由于部分条款与现行国家法律法规相冲突，因而不具有法律效力。

第二，格式规范，内容齐全。

劳动规章制度是一种程式性的文件，它和章程、规定等文件一样，在制定时应符合有关格式的要求，劳动规章制度的文本应遵循一定格式，包括名称、正文、落款三部分。了解劳动规章制度的结构，可以从格式和内容两方面入手：一是就形式而言，劳动规章制度是由许多条文构成的。如果条文非常多，可以把条文按照内容与层次，分为若干编、章、节、款、目。二是就内容而言，劳动规章制度的正文通常包含以下三个部分：

前言，企业的劳动规章制度在前言部分包含三个部分，即劳动规章制度的目的或原则、劳动规章制度的适用范围、劳动规章制度的相关术语解释。主文，企业的劳动规章制度在主文部分应明确企业员工享有的权利、需要履行的义务、需要承担的责任。附则，企业的劳动规章制度在附则部分包括三方面，即劳动规章制度的解释与修改、劳动规章制度的追溯力、劳动规章制度的生效时间。

第三，语言体现严肃性和严密性。

劳动规章制度是企业进行劳动关系管理的基本工具，旨在约束组织中成员的行为。为了体现规章制度的权威性与强制性，它的文字表述必须要严肃、规范。尽量使用“应当”、“禁止”、“必须”等带有强制意味的词语，避免使用“不可以”、“尽量”等口语化和建议性的词语。

用词要规范，劳动规章制度的用语必须是正式的、规范的书面语言。不使用方言俚语、不使用不规范的简称、不滥用冷僻词、不滥造词语等。此外，涉及具体业务的专门用语时，需运用规范的行业术语。对于一些把握不准的提法和难以阐明的定义，不要勉强写入，以免造成歧义。语言表述要严谨、周密，避免语言漏洞，避免前后矛盾。语言前后照应，不自相矛盾。

第四，应当载明所需的其他条款。

企业在制定劳动规章制度时，应当载明起草者、主办单位、相关单位、审议程序、公布程序、相关规章等条款。

84. 劳动规章制度合法性与合理性的关系？

劳动规章制度的制定要有合法性：内容合法，劳动规章制度需符合《劳动法》、《劳动合同法》等相关的法律法规；程序合法，劳动规章制度的制定程序要体现民主程序，进行公示和告知，法律规定人民法院有权对用人单位的规章制度进行合法性审查。

但是，目前较多的劳动争议集中在“规章制度合理性”方面，比如：旷工两天，即解除劳动合同等规定，虽未违反法律，但是不合常理，对于劳动者不公平。针对这种情况，虽然法无禁止性规定不为违法，法律并没有规定司法对企业劳动规章制度的合理性进行审查。但是，在实际的司法实践中，法院倾向于在合理性问题上保护劳动者，近几年各地的判例中也体现“用人单位使用工作管理权应当合理合法”。所以，在制定劳动规章制度时，也要注意合理性，防止用工风险。

在规章制度的制定中融入“合理性”因素的做法有：一是制定规章制度应考虑劳动者的行为是否引发严重后果。二是考量劳动者违纪的主观性和故意性。三是规章制度制定中要设置违纪的梯度：较轻违纪、一般违纪、较重违纪以及严重违纪。四是要考虑违纪的重叠性和重复性问题。

85. 劳动规章制度实施中应遵循哪些原则？

第一，严格执行，依章治企原则。

劳动规章制度是法律法规在企业内的延伸，只有合法有限并且严格执行的劳动规章制度，才能支撑企业的发展。当前，企业实施劳动规章制度的过程中存在着不公正现象，部分企业违规惩治的标准不一致，带有过多人为因素，引发了员工的不满情绪。鉴于此，在劳动规章制度实施过程中要遵守严格执行、依章治企的原则。

第二，前后统一，全面实施原则。

劳动规章制度应有相对的统一性，若在实施过程中发现问题，应及时地纠正。在修改劳动规章制度时，首先要遵循必要的法律程序，其次要注意规章间的相互联系，争取做到前后统一。全面实施是指在实施过程中要避免割裂地、片面地执行劳动规章制度。现行有效的劳动规章制度不能有选择地实施，也不能仅对部分员工实施，而是应当全面实施。

第三，各司其职，协作实施原则。

劳动规章制度的实施范围覆盖了企业全体员工和全部部门，需要各部门的协同配合，因此，劳动规章制度在实施过程中，各行政部门和每个员工不但要认真履行劳动规章制度所要求的责任，而且要注重相互之间的配合与团结协作，更好地将企业的劳动规章制度贯彻实施。

第四，及时调整，合理实施原则。

企业的劳动规章制度一经公布生效，就应当立即在企业贯彻执行。劳动规章制度中的政策性规定，凡是应执行国家政策法规定的，当国家政策法规公布后，企业应立即执行，凡国家规定由企业自主决定调整标准的，也应当在规定的日期内完成。

86. 收集劳动规章制度的实施情况的方法有哪些？

劳动规章制度实施情况收集的方法主要有以下几种：

第一，访谈法。

访谈法是指调查者通过面对面的访谈，以口头信息沟通的途径直接获取信息的方法。根据访谈过程中结构模式的不同，可以把访谈分为两大类：结构访谈和非结构访谈。结构访谈结构严密，层次分明，具有固定的访谈模式。访谈者根据预先拟定的提纲提出问题。这些问题一般涉及的范围较小。非结构访谈结构松散，层次交错，气氛活跃，没有固定模式。调查者提出的问题涉及范围很广，而被调查对象可以根据自己的想法主动地、无拘束地回答。通过这种访谈，双方不仅交换了意见，也交流了感情。

运用访谈法时，要根据访谈的目的，保持主要访谈问题的基本内容和方向。访谈简单易行，便于迅速取得第一手资料，因而使用范围较为广泛。但访谈法的结论必须从被访谈者的答案中去寻找，所以有一定的局限性。对于获取劳动规章制度的信息，访谈法是最佳的方法之一。

第二，观察法。

观察法是指观察者通过感官直接观察他人的行为，并把观察结果作系统记录的研究方法。

观察法按被观察对象所处的实际情境特点，可分为自然观察与控制观察两种。自然观察是在完全自然的条件下所进行的观察，被观察者一般并不知道自己正处于被观察状态。而控制观察是在限定条件下进行的观察，被观察者可能已经知道，也可能不知道自己正处在被观察的地位。

按观察者与被观察者之间的关系，观察法可分为参与观察和非参与观察。观察者直接参与被观察者的活动，并在共同活动中进行观察的方法称为参与观察；观察者不参与被观察者的活动，以旁观者身份进行观察的方法称为非参与观察。

观察法目的明确、使用方便、所得材料比较系统，在获取劳动规章制度实施情况的准确信息的基础上，能获得较好效果。

第三，问卷调查法。

问卷调查法是运用内容明确、表达正确的问卷量表，让被研究者根据个人情况，自行选择答案的研究方法。常用的问卷量表有是非法、选择法和等级排列法三种格式。问卷法的优点是可以在较短的时间内获得广泛的材料，但问卷法所取得的材料很难进行质量分析。

第四，测验法。

测验法，即通过开展有关企业劳动规章制度的测试或是知识竞赛，以获取员工掌握劳动规章制度情况的信息。

87. 怎样对劳动规章制度实施过程进行监督检查？

劳动规章制度制定的目的是为了企业生产秩序的维持，保障劳动者在企业中的权益。在实务中，劳动规章制度颁布之后，应定期或不定期地对其实施过程进行监督检查，遇到问题及时解决并完善现有劳动规章制度，保证其作用的正常发挥。

第一，监督检查的期限。

监督检查的期限可分为定期与不定期两种。定期监督检查是指相关工作人员定期对劳动规章制度的实施情况进行检查，比如每一季度、每半年或者每一年度，具体可视企业各方面的变动情况而定，但是时间不宜超过一年；不定期监督检查是指用人单位随时对劳动规章制度实施情况进行监督检查，保障劳动规章制度的贯彻施行。

第二，监督检查的方法。

一是自我监督检查。企业行政主体依据自己的主观判断，并结合事实和数据，在劳动规章制度实施一段时间后，对劳动关系双方主体取得的效果和企业规章制度本身的有效性进行一定的监督检查。检查的最终结果可以通过报告与报表的形式供企业有关主管部门查阅，以完善劳动规章制度。二是配合国家的检查。依据国家法律法规，劳动行政部门对企业劳动规章制度进行监督检查。各级劳动行政部门对企业劳动规章制度审查的内容主要涵盖劳动规章制度的内容和制定程序是否合法。

第三，监督检查的结果。

劳动规章制度监督检查的结果有两种情形：一种是确实遵照规章行事，事事与规定完全一致，毫无出入；另一种是实际情形与规定互有出入。规定与实际情形之所以存在出入可能有如下原因：一是规定没有不妥当与不合法，但是并未真正被贯彻实施。二是规定内容本身欠妥、不合理或不合法，但未经修正补救，导致现实中很难实行。三是规定本身尚无不当，只是因为规定太繁琐，执行上有困难，执行者由难生畏，不愿积极推行，以致与规定发生出入。用人单位应在认真总结检查结果的基础上，采取一定的措施以保障劳动规章制度发挥作用。

88. 劳动规章制度实施过程中的常见问题是什么？

当前，企业劳动规章制度的实施存在着形式化、缺损化、扩大化、偏离化等问题，严重干扰了劳动规章制度的有效推行，有碍于企业的生产运营。其中的常见问题大体分为以下几类：

一是劳动规章制度实施的形式化。规章在执行过程中缺乏具体的可操作的措施，制度被宣传一通后仍然只是停留在文本阶段。二是劳动规章制度事实的缺损化。只有部分被贯彻，其余则被抛弃，使企业劳动规章制度内容残缺不全。三是劳动规章制度实施的扩大化。规章在执行过程中附加了不恰当的内容。企业劳动规章制度正式生效后，它的内容对劳动关系双方都具有约束力，任何一方都不得轻易更改已颁行的劳动规章制度。四是劳动规章制度实施的偏离化。企业管理者和普通员工不能把实施劳动规章制度挂在口头上，只说不做。

89. 劳动规章制度审查、修订的原则是什么？

第一，平等对待原则。

企业依据劳动规章制度对员工进行惩戒时，对于同样程度的违反劳动规章制度的行为，应给予同种类、同程度的惩戒处分。平等待遇原则禁止雇主对劳动者采取歧视性的惩罚措施。

第二，必要性原则。

即最小侵害原则，是指惩戒措施的轻重应参酌劳动者的本身情形，工作职责，违反劳动规章制度的情况、程度等因素。简而言之，如果有多种惩戒手段可以达到惩戒目的，那么企业应该根据员工不当行为的严重性、员工个人状况、过去的行为记录及承受能力等各种因素，选择对员工权益侵害最小的惩戒手段。

第三，最后手段性原则。

企业单方解除劳动合同将直接剥夺劳动者在企业继续工作的权利，对员工造成的影响非常大。因此，企业以严重违反企业劳动规章制度单方面解除劳动合同应当遵循最后手段原则，是雇主终极、无法回避、不得已而为之的手段。

90. 如何保证劳动规章制度为员工所理解？劳动关系协调员要承担怎样的工作？

为了保证劳动规章制度的良好实施，企业行政必须做好劳动规章制度的解释工作。劳动规章制度必须依据企业的实际情况制定，企业必须在现实情况和客观依据的基础上，引申出对劳动规章制度的基本要求。

现阶段，我国企业的所有制形式多样，既有国有企业，也有集体企业、私营企业，还有外商投资企业，即使同类企业在生产规模、员工人数、产品种类、生产组织形式上都不尽相同，在经营者的管理水平、劳动者的素质和企业劳动生产率上都存在着巨大的差异。因此，不同的员工、不同的管理环境、不同的文化背景和价值观决定了企业劳动规章制度不可能是一个模式，其内容和标准也不可能统一。不同企业制定的劳动规章制度都应有自己的特色，因此，在进行企业劳动规章制度解释时，应注意自身的特点，依据企业的实际情况选择适当的方法进行规章制度的解释。解释的方法主要包括以下几种：

第一，书面解释。

劳动规章制度的书面解释是指以书面文字的方式进行意思表示。企业可将需要解释的问题在公开区域（如员工宿舍、员工食堂等）公布，或以发文形式送达各部门或是直接送达员工手中，以达到解释的目的。

第二，口头解释。

劳动规章制度的口头解释，即对劳动规章制度中的相关条款作出口头化的说明，这是劳动规章制度解释时常用的方法之一。如员工提出有关劳动规章制度某条款的问题时，企业行政及时地给予解释，以加深员工对企业劳动规章制度的理解，消除疑惑。

人们大都倾向于面对面的直接沟通、口头沟通和双向沟通。口头解释能够较快、直接地处理问题，但这就对劳动关系协调员提出了较高的要求，劳动关系协调员需要对劳动规章制度的内容具有全面深刻的了解，熟知其制定依据，以便能够及时消除劳动者的疑惑，减少争议的发生。

第三，会议解释。

劳动规章制度的会议解释是指通过召开会议的形式解释企业劳动规章制度，是企业行政与员工为了解决某个共同的问题或出于不同的目的聚集在一起进行讨论、交流的活动。会议解释的优点是企业与员工双方能就沟通的问题进行双向沟通。

第四，培训解释。

为了保证劳动规章制度的正确、合理实施，企业应开展劳动规章制度的培训。在实务操作中，劳动规章制度的培训解释通常是新员工培训的重要内容之一。在开展培训之前应当做好培训规划，培训规划主要由以下内容构成：

一是培训项目的确定。企业劳动规章制度的培训，首先应明确培训的目标群体和培训目标，在此基础上进行课程的安排。

二是培训过程的设计。在设计培训过程时，应充分考虑实施过程的各个环节和阶段，合理安排培训进度，把劳动规章制度的核心问题分解为多个学习单元，按照各个单元之间的相互关系和难易程度确定讲授顺序和时间安排，形成一个完整的培训进度表。

三是培训资源的筹备。培训需要的资源，包括师资、财、物，劳动关系协调员还应作好时间、地点等信息的沟通与协调。例如，时间方面，要制定课程时间安排表，它包括培训项目的主要内容、相应的时间安排以及时间间隔的计划。地点方面，应保证培训场地舒适、安静、独立，不受干扰且有足够大的空间，并应根据培训的要求安排座位。

四是培训成本的预算。劳动规章制度的培训规划最终需要企业经营者批准，而企业经营者不仅关心规划的可行性，还关注培训的成本效益分析。因此，成本预算也是培训实施过程中的一个重要环节。

第五，劳动争议案例解释。

当企业与员工发生劳动争议时，合法的劳动规章制度是处理劳动争议的重要依据。通过具体的案例对劳动规章制度的条文进行解释，可以帮助员工更快、更好地理解劳动规章制度。

91. 怎样进行劳动规章制度公示？有哪些技巧？

在进行劳动规章制度解释之前，企业应通过正式途径向劳动者公布已制定的劳动规章制度，达到使其知晓的目的，即进行劳动规章制度的公示，然后再根据劳动者的需求进行劳动规章制度的解释。进行劳动规章制度公示，应注意以下技巧。

第一，劳动规章制度不公示的法律后果。

一是劳动规章制度不产生法律效力。根据《关于审理劳动争议案件适用法律若干问题的解释》第十九条规定，用人单位根据《劳动法》第四条内容之规定，通过民主程序制定的规章制度，不违反国家法律、行政法规及政策规定，并已向劳动者公示的，可以作为人民法院审理劳动争议案件的依据。反之，未向劳动者公示的，就不能作为人民法院审理劳动争议案件的依据。

二是用人单位将承担行政责任。根据《劳动合同法》第八十条规定，用人单位直接涉及劳动者切身利益的规章制度违反法律、法规规定的，由劳动行政部门责令改正，给予警告。此处违反法律法规规定，应当包括没有依法公示，因此企业将承担被劳动行政部门责令改正和警告的行政责任。

三是用人单位将承担民事责任。《劳动合同法》第八十条还规定了用人单位未依法公示的民事责任，即劳动者因此遭受损害的，用人单位应当承担赔偿责任。赔偿的范围原则上限于受害人的实际损失，如工资福利损失。

第二，公示的方式及其优缺点分析。

一是通过网站或电子邮件公示。企业可以将制定的劳动规章制度发布在网站上或通过邮件发送给员工，这种公示手段的优点是快捷、节省成本，其缺点是增加了企业的举证成本，要达到这种证据保存的目的，必须要有相应的技术支持。

二是通过公告栏公示。企业可以将劳动规章制度张贴在员工容易看到的公告栏等处，其优点是无须召集员工开会学习，还可以节省印刷费用，公示成本低且容易操作；其缺点同网络公示基本相同，就是增加了企业的举证成本。以公告栏公示作为证据需要企业和员工双方共同认可，否则证据无效。因此，员工如辩称用人单位没有公示，用人单位较难举证。

三是通过员工手册公示。企业可以将劳动规章制度印制为员工手册发放给员工，这种手段的优点是用人单位可以通过印发并让劳动者签收，企业容易举证已经公示，且便于员工随时查阅和学习。其缺点是印刷成本高，如需修订和更改，容易造成浪费。

四是通过培训公示。企业可以组织员工开会学习或培训企业的劳动规章制度，并且让参加会议的人员签到或签字。通过培训的手段告知员工的优点是容易证明用人单位已经公示，而且可以节省印刷成本，其缺点是有的用人单位人数多，组织开会或培训耽误时间。此外，这种手段不便于劳动者随时了解劳动规章制度的内容。

五是通过劳动合同附件公示。企业可以直接将和员工的权利义务息息相关的劳动规章制度作为劳动合同的附件，这种手段的优点是降低了企业的举证责任，能够有效预防劳动争议的发生；其缺点是劳动合同附件的制定需要耗费一定的人力、物力，其条款必须表述清晰、明确才能发挥其优势。例如，企业在和员工签订劳动合同时，可以写上这样一句话："乙方（员工）已经认真阅读了上述劳动规章制度，并且理解了上述劳动规章制度的含义，而且愿意遵守这些劳动规章制度"，这样就能保证公示的有效性。

92. 怎样开展劳动规章制度评估，有什么注意事项？

劳动规章制度评估是有计划、按步骤进行的一种活动，需要遵循一定的步骤。一般来说，劳动规章制度评估可以分为三个步骤，即评估的准备、评估的实施与分析、评估结果输出。

第一，评估的准备。

劳动规章制度评估的准备是这项工作的基础和起点，在准备阶段，企业应当明确规章制度评估的目的、中心和重点，避免评估工作的盲目性，以保证评估工作的顺利进行。

第二，评估的分析与实施。

劳动规章制度的分析与实施是整个劳动规章制度评估活动中最重要的环节之一，实施评估阶段的主要任务包括以下几点：

一是利用各种调查手段和信息来源，广泛收集有待评估的劳动规章制度信息。信息是劳动规章制度进行评估分析和实施的基础。与评估相关的有效信息，既可以作为评估者最初判断的依据，也可以作为最后评估的尺度。在实务中，通常可以采用的方法主要包括观察法、查阅资料法、调研法（其中包括开会调查、访谈、问卷调查等）、案例分析法、实验法、德尔菲法等。这些方法各有其特点和应用范围，最好是交叉使用、相互配合，以确保所获信息具有广泛性、系统性和准确性。

二是综合分析已获取的劳动规章制度信息，将原始数据、问卷和资料进行系统的整理、分类、统计和分析，为劳动规章制度评估结果的输出提供依据。

三是综合运用相应的评估方法，具体进行评估。在进行劳动规章制度的评估时，要坚持评估资料的完整性、科学性、针对性，客观、公正地反映出劳动规章制度的实际运作效果，进而作出评估结论。实施评估阶段，虽然主要工作就是信息收集、信息处理和作出结论三项，但实际操作起来，却是相当的复杂和困难，需要劳动规章制度的评估主体具有较强的综合分析能力，整体掌控评估分析的方向、内容、进度和侧重点等。同时，这又是劳动规章制度评估过程的实质性阶段，必须集中评估组织的集体智慧。

第三，评估结果输出。

评估结果输出是劳动规章制度评估活动的最后一个阶段，是达到劳动规章制度评估的最终目的。这一阶段的主要任务是综合判断、分析诊断、反馈信息。综合判断就是从总体上对被评估对象作出一个关于其执行情况的定性或定量的综合意见，给出优良程度的区分或对其劳动规章制度制定水平是否达到应有标准的结论；分析诊断就是对被评劳动规章制度的执行优劣得失进行系统的分析、评论，旨在找出存在的问题及问题的症结所在；反馈信息就是将评估活动所获得的信息向有关方面进行报告。这个阶段包括两方面的内容：一是撰写评估报告，二是提出评估工作的总结和建议。

93. 怎样具体开展劳动规章制度评估前的准备工作？

在评估准备阶段，需要完成的工作主要包括：

第一，确定评估工作的目的。劳动规章制度评估的目的是整个评估工作的基石和起点，为劳动规章制度评估的后续工作指明了方向。明确评估工作的目的有助于整个评估工作做到有的放矢，从而更好地解决、优化、完善现有劳动规章制度。

第二，确定评估工作实施主体。劳动规章制度评估的主体可以由企业内部的某个部门、团队担任，也可以选聘有关专家组成专家咨询组委托社会中介机构实施评估，委托社会中介机构评估时，先同选定的中介机构签订委托书，然后由中介机构成立评估工作组及专家咨询组。但是，无论谁作为评估的主体，在准备阶段都应该对其任务和要求应加以明确。此外，还应对评估主体成员进行培训，提高他们的理论水平，构建一支有较高水准的评估队伍，劳动规章制度评估人员的素质和态度会直接影响到评估的信效度。

第三，确定评估对象。劳动规章制度的评估对象是评估的客体。在这个阶段，需要明确制度评估的对象，从实务角度来看，虽然评估结论决定了劳动规章制度的持续、修订或终止，但这并不意味着任何一项劳动规章制度在任何时候都可以而且有必要进行评估。在确定评估对象时，必须坚持有效性和可行性相结合的原则。一方面，选择的评估对象必须确有价值，即能够通过评估达到一定的目的；另一方面，所选取的评估对象又必须是可以进行评估的，即从时机、人力、物力、财力上看都能满足评估所需的基本条件。

第四，制订评估方案。制订劳动规章制度评估方案是劳动规章制度评估准备阶段中最重要的一项工作。因为评估方案的设计将直接关系到劳动规章制度评估活动的成败。一般来说，劳动规章制度评估方案应囊括以下内容：针对所要评估的劳动规章制度明确评估的目的、意义和要求，阐述评估对象和评估主体，提出评估的基本设想，根据评估目标确定评估的内容和范围。

第五，确定评估标准和方法。制定劳动规章制度的评估标准是进行制度评估的基准和标杆。在确定了评估标准后，选取合适的评估方法就成为评估的核心问题。在实务中，企业可以根据自身实际需要以及劳动规章制度的类型、侧重点、目的等选择适合的评估方法。关于劳动规章制度的评估方法，在本章节理论知识部分已有详细阐述，这里不再赘述。

综合来看，评估方案应包括劳动规章制度评估活动的五项要素，即什么人、出于什么目的、根据什么标准、采用什么方法、对什么劳动规章制度进行评估。即评估方案包含了劳动规章制度评估的五个要素：评估者、评估对象、评估目的、评估标准和评估方法。其中，评估者是评估的主体，评估对象是评估的客体，评估目的是评估的出发点，评估标准是评估的准则，而评估方法则是评估赖以实现的手段，它们相互依存，相互作用，构成一个完整的劳动规章制度评估系统。一项具体的劳动规章制度评估，就是由这些要素的有机组合所构成的活动过程。因此，劳动规章制度评估方案就是要对上述五项要素用书面方式作系统、详细的论证与说明。与此同时，还应该对评估活动的组织安排以及评估经费的筹措和使用等情况作出说明。

案例一：五星级酒店总培训师违反劳动制度

2011年1月7日，上海某五星级酒店总培训师HY，下班时被保安发现手提包内有4包牛奶和10余袋茶包。HY向保安解释称，牛奶是早餐时发的，1包是自己的，另3包是同事给的，准备路上吃。茶包是VD房（客人已退房尚未清扫的房间）内客人遗留下的。

酒店表示，员工手册已明确规定，员工私自将客人或酒店的任何物品带走都属特别严重违纪行为。因此，酒店决定解除其劳动合同，并向酒店工会发出了告工会通知书。同日，工会主席在该通知书上签署属实意见。

HY不服酒店处罚，向负责该酒店的劳动关系协调员提出介入申请。劳动关系协调员接到申请后，到酒店了解了相关情况，经过调查，HY私自带物品离开酒店的事件属实，而酒店员工手册也确有不允许员工私自将客人或酒店的任何物品带走及处罚措施的相关条款。经过向酒店行政了解情况，酒店行政认为，HY作为酒店的总培训师，发生如此的偷窃或侵占行为，影响到酒店的整体服务水平，HY的行为属重大违纪，需要解除其劳动关系，以免日后这个现象在酒店形成不好风气。

劳动关系协调员认为，劳动关系协调员在协调劳动关系问题时，应该站在公平、公正的立场上，酒店的员工手册符合国家法律规定，在酒店内具有权威性。由于员工手册中规定了特别重大违纪行为的处罚规定，酒店有权与HY解除合同，HY作为酒店的总培训师，对该规定十分熟悉，但其仍以一己之私欲而为之，属故意违反，酒店的处理应该得到尊重。

案例二："严重违纪"认定须合法合理

潘某某在某电子加工公司担任仓库保管员，2009年9月，公司与已经工作满10年的潘某某签订了无固定期限劳动合同。劳动合同约定了潘某某工作岗位不变，工作岗位适用综合计算工时制，具体工作和休息的时间按公司规定。10月初，公司在没有征求员工意见的情况下，制定了公司《员工违纪处理条例》。10月26日，公司向潘某某出具员工违纪处理单，处理单中载明：潘某某工作期间在货架区域睡觉，违反工作违纪处理条例5.4.3条，在工作时间睡觉或打瞌睡，在工作区域睡觉或打瞌睡……潘某某承认自己打瞌睡，便在该处理单上签字。潘某某的主管在违纪处理单上建议“辞退”，随后人力资源部经理的意见是“开除”。对于这样的处理，潘某某表示不能接受，他认为自己确实是在工作期间打瞌睡，但这也是因为自己已经连续加班一周了，而且由于自身患有高血压等症状，是在实在过于疲累的情况下导致了头晕、身体不适，然后才趁工作空暇稍微休息一下，但是并未影响工作。公司则认为《员工违纪处理条例》中明文规定，在上班时间、上班地点睡觉和打瞌睡为严重违纪行为，公司对严重违纪行为的处罚为解除劳动合同。公司对潘某某作出的处理决定程序合法。潘某某不服，坚持认为公司是违法解除劳动合同，遂与公司发生争议，并请求劳动关系协调员介入。

劳动关系协调员了解到潘某某的情况后，到该公司进行了调查，并向公司行政介绍了相关法律规定。劳动关系协调员告诉企业行政，《劳动合同法》第三十九条规定，劳动者存在严重违反用人单位的规章制度的；严重失职，徇私舞弊，给用人单位造成重大损害等情形的，用人单位可以解除劳动者劳动合同。这种过失性解除，用人单位无须支付经济补偿。但是，我国最高法院的司法解释以及《劳动合同法》都规定了规章制度要生效的前提条件首先是要合法，这个合法包括两个方面内容，一是程序合法，二是内容合法。程序合法，即要符合通过民主程序加以制订，并以公示、告知的方式让员工了解，该企业制定《员工违纪处理条例》没有经过员工讨论，也没有征求员工的意见，因此程序上不具备合法性。内容合法，即规章制度的内容，不仅不能违背国家法律、行政法规及政策规定，还应该合理公平、符合社会道德。潘某某在工作时间打瞌睡有其原因，由于他已经连续加班多日，公司应该予以理解。

经过劳动关系协调员的协调，公司人力资源部撤销了对潘某某的处罚。

六 劳资沟通与民主管理

94. 企业经营统计指标主要有哪些?

企业的主要经营统计指标是企业厂务公开的主要内容。它包括:

第一，生产经营指标。

生产经营指标包括工业总产值和工业销售产值。工业总产值指工业企业在本年内生产的以货币形式表现的工业最终产品和提供工业劳务活动的总价值量。工业销售产值是以货币形式表现的，工业企业在一定时期内销售的本企业生产的工业产品或提供工业性劳务活动的价值总量。

第二，资产管理指标。

资产是指由过去的交易、事项形成并由企业拥有或者控制的资源，该资源预期会给企业带来经济利益。资产按其流动性可分为流动资产、长期投资、固定资产、无形资产。其中，流动资产是指可以在 1 年或者超过 1 年的一个营业周期内变现或耗用的资产，主要包括现金、银行存款、短期投资、应收及预付款项、待摊费用、存货等。长期投资是指除短期投资以外的投资，包括持有时间准备超过 1 年（不含 1 年）的各种股权性质的投资、不能变现或不准备随时变现的债券、长期债权投资和其他长期投资。固定资产是指企业使用期限超过 1 年的房屋、建筑物、机器、机械、运输工具以及其他与生产、经营有关的设备、器具、工具等。不属于生产经营主要设备的物品，单位价值在 2000 元以上，并且使用年限超过 2 年的，一般也计为固定资产。无形资产是指企业为生产商品或者提供劳务，出租给他人，或为管理目的而持有的、没有实物形态的非货币性长期资产。

第三，负债指标。

负债是指企业过去的交易、事项形成的现时义务，履行该义务预期会导致企业经济利益流出企业。负债按其流动性可分为流动负债、长期负债、负债比率、产权比率。流动负债是指在1年（含1年）或者超过1年的一个营业周期内偿还的债务，包括短期借款、应付票据、应付账款、预收账款、应付工资、应付福利费、应付股利、应交税金、其他暂收应付款项、预提费用和一年内到期的长期借款等。长期负债是指偿还期在1年或者超过1年的一个营业周期以上的负债，包括长期借款、应付债券、长期应付款等。负债比率是反映债务和资产、净资产关系的比率。它反映企业偿付到期长期债务的能力，反映债权人提供的资本占全部资本的比例，因此也被称为举债经营比率。产权比率是负债总额与所有者权益总额的比率，是评估资金结构合理性的一种指标。

第四，盈利指标。

盈利是企业生存和发展的条件，是现代公司制企业的首要特征。盈利指标又涉及成本、利润和利率。成本，是指企业为生产产品、提供劳务而发生的各种耗费，包括各项直接支出和制造费用。利润是指企业在一定会计期间的经营成果，包括营业利润、利润总额和净利润。

95. 公开信息的指标评估原则有哪些？

第一，科学性原则。

科学性原则主要体现在理论和实践相结合，以及所采用的科学方法等方面。设计公开信息指标体系时，要有科学的理论作指导，同时，公开信息指标体系是理论与实际相结合的产物，无论采用什么样的定性、定量方法，都必须是客观的抽象描述，需要抓住最重要的、最本质的和最有代表性的东西。

第二，系统优化原则。

公开信息对象必须用若干指标进行衡量，这些指标是互相联系和互相制约的。有的指标之间有横向联系，反映不同侧面的相互制约关系；有的指标之间有纵向关系，反映不同层次之间的包含关系。同时，同层次指标之间尽可能的界限分明，避免出现相互有内在联系的指标体系，体现出很强的系统性。

第三，通用可比原则。

通用可比性指的是不同时期以及不同对象间的比较，即纵向比较和横向比较。纵向比较即同一对象当前时期与之前时期作比。横向比较即不同对象之间的比较，找出共同点，按共同点设计公开信息指标体系。

第四，实用性原则。

实用性原则指的是实用性、可行性和可操作性。首先，指标要简化，方法要简便；其次，数据要易于获取；再则，整体操作要规范；最后，要严格控制数据的准确性。

第五，目标导向原则。

评估的目的不是单纯评出名次及优劣的程度，更重要的是引导和鼓励用人单位向正确的方向和目标发展。

96. 怎样编写用人单位公开信息？

编写公开的信息分两部分，一是通过文件或表格的形式，确定本单位需要向职工公开的信息范围与公开的内容，即确定什么可以公开和公开什么。二是就编辑某项公开的信息，予以公示。关于公开的内容，不同性质的企业组织有不同的要求。就国有企业、集体企业及其控股企业组织而言，主要围绕着重大决策、日常经营管理、与职工群众切身利益相关的问题、领导干部廉政建设四个方面。对于上述三类企业以外的大多数非公有制企业而言，厂务公开的内容则主要围绕企业重大决策、经营管理情况以及与劳动关系运行和职工利益密切相关的事项。

第一，制定信息公开管理办法。

建立信息公开领导班子和制定信息公开管理办法，是信息公开活动取得成效的关键。信息管理办法需要经过职工代表大会通过。管理办法应明确领导小组成员、职责、公开的内容、公开的程序、监督与考核等内容。例如某企业厂务公开中有关于职称评定信息公开的规定。

第二，编写公开的信息。

编写公开的信息是指将公开的信息通过一定的载体发布出去，让职工群众了解公开内容。编写公开的信息需要注意的问题有：一是明确而醒目的标题，二是公开的内容、政策依据准确无误，三是职工意见反馈渠道、意见受理单位要明确到位，四是有明确的时间要求。

97. 怎样选择企业信息公开的载体?

第一，职工代表大会。

职工代表大会是企业实行民主管理的基本形式，也是厂务公开的基本形式。适合通过职工代表大会进行公开的信息包括：业务招待费使用情况、民主评议领导干部、企业改革发展重大决策、涉及职工切身利益的重大事项等内容。

第二，会议通报。

通报会一般是由中层干部会成员、党政工联席会成员及工会小组长、职工代表和有关人员参加。这种形式适用于公开企业生产经营过程中的一些重要动态变化情况，且需要在一定范围内征求职工意见的事项。适合通过这种载体公开的信息包括：领导干部廉洁自律情况，生产形势分析，总经理决策，公司党务、政务需要及时通气、沟通等情况。

第三，厂务公开栏。

设立厂务公开栏，定期或不定期地通过书面形式公开有关内容。适合通过这种载体公开的信息包括：有关实施厂务公开和实行民主监督的意见、通知、办法；本公司厂务公开领导小组、监督小组及办公室组成人员名单，单项公开的办理部门及人员名单和举报电话等需要长期固定公开的内容；住房分配、干部任免、收入分配、用工制度；

单项公开事项的有关政策、规定、办事程序、办事结果；群众反映问题的受理、答复和解决情况；需要向职工群众宣传并让群众熟悉、了解的企业内的一些规章制度；领导干部对党风廉政建设责任制的落实情况及公司和单位的计划、目标、方针等。

第四，公司闭路电视和内部信息网络。

公司生产经营的信息以及职工普遍关心的问题可以通过公司闭路电视和内部信息网络公开。这种信息公开方式，既便捷又节省费用。主要适用于涉及面广、需要让职工群众广泛知晓的事项。

98. 收集职工反馈意见有哪些方法?

第一，调查问卷。

调查问卷法是指通过精心设计的问题表格，就某些方面的问题向被调查者征集意见，也可以发放具有针对性的《征求意见表》，向职工征集意见。表格的设置、回收、处理与调查问卷基本相同。

第二，领导与职工常规性见面会。

常规性见面会直截了当，职工有什么意见可以当面提出，领导也可以现场回答，能解决的问题当场拍板定案，不能解决的也可予以充分解释。但这样的会议需要有较好的管理与控制，对与会人员也要进行选择。

第三，座谈会或个别访谈。

座谈会或个别访谈是征集意见时经常采用的访谈形式。座谈会也就是我们所说的调查会，它是一种无结构式集体访问，即将调查对象集中起来进行共同讨论。个别访谈则是针对单个职工进行访问，座谈会与个别访谈都要求调查者有熟练的访谈技巧及会议组织的能力。

第四，利用互联网征集意见。

建有自己网站的单位，可以在网站上开设征求意见的网页或专栏，面向全体职工征求意见。这种形式费用低、操作简便，便于汇总与归纳，保密性也比较强。但这种形式对职工的文化水平、电脑使用技术有一定的要求，对那些不懂电脑技术的职工则需要进行一定的技术培训。

第五，公布职工热线或职工反映意见电话。

这也是目前企业经营经常使用的一种意见征询方法。开设这种职工反映意见的专线电话需要一定的条件，比如固定的电话办公场所，固定的电话接收人员等。还需建立相应的管理制度，比如值班制度、电话记录制度、意见汇总和上报制度、检查制度、保密制度等。

第六，设立意见箱。

该方法是指在职工活动比较多的公共地方，设立用于存放职工意见和建议的信箱。在信箱上面专设一格，用于存放统一格式的征求意见表，职工可以自由抽取，进行填写，并将填写好的意见表投入信箱之中，由专门人员定期开锁取出意见表，再进行处理。这种方法简单易行，是一种常用的征集意见形式。

99. 问卷设计有哪些原则?

第一，目的性原则。

问卷的主要目的都是提供管理决策所需的信息，以满足决策者对信息的需求。问卷设计人员必须透彻了解调研项目的主题，能拟出可从被调查者那里得到最多资料的问题，做到既不遗漏一个问题以致需要的信息资料残缺不全，也不浪费一个问题去取得不需要的信息资料。因此，从问卷设计的实际出发，要求问卷问题目的明确，重点突出。

第二，逻辑性原则。

一份成功的问卷，问题的排列应有一定的逻辑顺序，符合应答者的思维程序。一般是先易后难、先简后繁、先具体后抽象。这样，能够使调查人员顺利发问、方便记录，并确保所取得的信息资料正确无误。

第三，通俗性原则。

如果受访者对调查题目不感兴趣，一般不会参与调研。问卷设计最重要的任务之一就是要使问题适合潜在的应答者，要使被调查者能够充分理解问句，乐于回答、正确回答。所以，设计问卷的研究人员不仅要考虑主题和受访者的类型，还要考虑访谈的环境和问卷的长度。问卷必须避免使用专业术语，一般应使用简单用语表述问题。

第四，便于处理性原则。

便于处理是指要使被调查者的回答便于进行检查、数据处理和分析。设计好的问卷在调查完成后，能够方便地对所采集的信息资料进行检查核对，以判别其正确性和实用性，也便于对调查结果的整理和统计分析。如果不注意这一点，很可能出现调查结束，信息资料获得很多，但是统计处理却无从下手的难堪局面。

100. 劳动关系协调员怎样进行问卷调查？

第一，问卷调查之前，调查小组应先与高层主管共同讨论，确立调查的重点，取得高层主管的认同与支持，进而召开调查前的动员会，宣传此次调查的目的、方式等相关内容。

第二，要认真编制问卷。问卷的质量与调查目标的实现度有比较强的关联性。具体设计问卷之前，设计者可以先对欲调查的对象进行初步的访谈，了解不同被调查者对问卷调查的看法与期望，再进一步与高层主管沟通达成双方的共识；依据上述共识，设计调查问卷内容、题目安排、问答方式等；接下来，将初步设计的问卷进行预调查，重点在于深入了解被调查者对于问卷的看法，最后进行修正定稿。

第三，设计好问卷之后便可以对调查对象实施问卷调查。

第四，调查结束后，将问卷回收，剔除未按要求填答的问卷，以提高问卷调查的准确度。

第五，对有效问卷进行研究分析并形成分析报告。调查问卷的最后一步便是依据分析报告制定相应的改善方案，这是保证将被调查者意见转化为实际的企业优化行动的关键步骤。

101. 访谈方法有什么类型？各自有什么优缺点？

第一，结构化访谈。

结构化访谈又称标准化访谈，它是一种对访谈过程高度控制的访谈。这种访谈的访谈对象必须按照统一的标准和方法选取，一般采用概率抽样。访谈的过程也是高度标准化的，对所有被访谈者提出的问题，提问的次序和方式，以及对被访者回答的记录方式等是完全统一的。为使这种统一性得到保证，通常采用事先统一设计、有一定结构的问卷进行访谈。访谈中所有调查员都必须严格按问卷上的问题发问，不能随意对问题作解释。

这种访谈方法最大优点在于访谈结果便于量化，可作统计分析，同时也避免了自填式问卷调查常常发生的由他人代填或几个人商议填写的弊端，并且可以对某个问题进行深入研究，因而应用范围大大扩展。结构式访谈法费用高，时间长，因而往往使调查的规模受到限制。这种调查方法除采取个别访谈的方式外，还可采用集中访谈的方式，即将调查对象集中起来作答。

第二，非结构化访谈。

非结构式访谈又称非标准化访谈，它是一种半控制或无控制的访谈。与结构式访谈相比，它事先不预定问卷、表格和提问的标准程序，只给调查者一个题目，由调查者与被调查者就这个题目自由交谈，调查对象可以随便地谈出自己的意见和感受，而无需顾及调查者的需要，调查者事先有一个粗线条的问题大纲或几个要点，但所提问题是在过程中边谈边形成，随时提出的。

与结构式访谈相比，非结构式访谈最大的特点是弹性大，能充分发挥访谈者与被访谈者的积极性。双方可以就研究的问题进行深入广泛的交谈与讨论。在这种交谈与讨论中，被访谈者提供的许多想法和事情往往是调查者所不曾预料到的，从而也可以获得较大启发。与结构式访谈相比，非结构式访谈比较费时，从而使调查的规模受到很大的限制。由于访谈过程是非标准化的，因此，访谈的结果难于进行定量分析，而且访谈的结果更依赖于访谈员的素质，经验和技巧，对访谈员的要求更高。因此，访谈前的准备工作更要作充分。

102. 怎样拟定访谈提纲？

第一，对于非结构式访谈。访谈前的准备工作首先是根据研究目的和理论，准备详细的访问提纲，并将其具体化为一系列访谈问题，同时还要充分准备与调查内容有关的各种知识。

对于结构式访谈，访问前的准备工作首先是清楚设计问卷的格式，了解访谈目的、要求、步骤，可能出现的问题及解决的办法。

第二，了解被访人的特征。了解被访者的特征，会对访谈成功起重大作用。

第三，拟定实施访谈的程序表。对要做的工作与时间进行安排，包括访谈前阅读相关文献资料；了解被访者；有什么特殊事件或特殊人物应当事先做准备；被访谈者应如何安排，如何与其联系；访问地点安排在何处，选择何时进行访谈、大约谈多少时间，访问时如何进行控制等。

第四，访谈提纲应明确的问题。一般来说，访谈提纲应该明确下列问题：研究背景，研究目的，研究内容，研究方法（访问方式、访问对象、抽样方法与样本量大小、需要被访问者回答的问题），研究期限，研究成果及形式，访谈者人员构成等。

103. 怎样进行职工合理化建议？

第一，设置合理化建议活动领导机构。

按国家经济委员会发布的《合理化建议和技术改进奖励条例实施细则》的规定，在基层企、事业单位，合理化建议和技术改进活动的组织领导机构由单位的行政、工会和有关部门的负责人组成。大、中型企业设立合理化建议委员会或评审委员会（规模较小的企业可以设立评审小组），通常由主管生产技术工作的副厂长（副院长、副所长、副经理）或总工程师、工会主席、总会计师、职工代表等组成。其任务主要是制订本单位合理化建议活动的目标、规划，提出各个时期的重点方向和具体实施方案，以及鉴定、推广、表彰、奖励等工作。在企业设置劳动关系协调员职位后，协调员也应加入到合理化建议活动领导机构之中。

第二，选定重点目标。

在企事业单位发展的不同时期，都有各自的工作重点、主要任务，职工合理化建议活动要紧紧围绕着单位的工作重点而展开，以便职工能集中注意力和精力，集思广益、重点突破。以下各方面都可以有选择地作为合理化建议活动的重点目标：产品设计开发、技术工艺、质量攻关、新技术应用、双增双节、销售流通、企业改制、管理创新、劳动关系协调等。

第三，合理化建议活动的宣传与引导。

合理化建议活动是建立在职工群众自愿参加基础之上的群众性活动，因此，做好宣传发动工作，调动职工群众积极性，使广大职工注意和投入到其中，是搞好这项活动的重要前提。合理化建议领导机构和企业工会委员会要通过黑板报、小报、宣传窗、广播、座谈会等形式，向职工深入进行宣传工作。

第四，合理化建议的征集方法。

包括设立建议箱、课题招标揭榜、领导征询法、专题大奖赛、专题献策会、专题答辩。设立建议箱是指在企业的公共空间设立建议箱，广泛听取职工的意见。课题招标揭榜是指将需要解决的课题在企业中公开进行招标，集合职工智慧，为解决问题提出好建议、好方法，并对提出合理化建议的员工给予一定的奖励。领导征询法是指企业领导要深入基层调研，征询职工对于企业的好建议。专题大奖赛、专题献策会、专题答辩是指针对某一专题，通过召开大奖赛、献策会、答辩会等形式，在职工中广泛开展专题讨论，得出解决问题的合理化建议。

第五，合理化建议的登记与处理。

合理化建议的登记包括建议者的建议内容登记与企业合理化建议工作机构的内部登记两部分。建议内容登记，是指合理化建议提出者按照《合理化建议和技术改进基础上登记表》中规定的由建议人填写的栏目逐项登记，必要时，还要附上图纸、模型、数据、资料、依据说明、成果估算、可行性证明材料等。从填表之日起，建议者即有义务向合理化建议评审委员会及建议采纳单位详细说明情况，回答问题。工作机构的登记，是指将征集上来的合理化建议按建议日期、建议人、建议内容摘要、性质区分、传递动向等要素予以登记。建议登记后，即行分类，或者在登记时即行分类，并提出初审意见。对一般性建议，只登记不立案，然后将意见、建议传递到有关单位，并告知建议者本人。

第六，合理化建议的实施。

凡经评审决定采用的项目，企业应及时组织力量实施。对那些有较大采纳价值但单位暂时无条件实施的建议项目，应作为技术储备，妥善管理，待机实施。

第七，合理化建议的奖励。

单位可根据国家有关规定，并结合实际情况制订“合理化建议和技术改进奖励实施办法”，确定奖励标准。物质鼓励与精神鼓励是激励机制中的两个重要方面。

104. 怎样撰写信息公开、信息沟通分析报告？

信息公开、信息沟通报告是对企业建立信息公开制度和开展活动状况进行综合分析而形成的书面报告，该书面报告一般用于内部交流。分析报告大体可以划分为两类：一是综合报告，二是单项报告。综合报告是对本系统或本单位信息公开工作的整体分析；单项报告是对信息公开的某项活动进行分析，比如业务招待费公开分析报告等。两者虽然内容有所不同，但在写作要求上基本一致。分析报告一般由以下四部分构成：标题、前言、正文、结尾。

标题。报告的标题大体上由两类构成形式：一类是公文式标题，另一类是非公文式标题。公文式标题由单位名称、时间、事由、文种组成，非公文式标题则比较灵活。

前言。即正文的开头，严格地讲，前言也是正文的一部分。前言一般要求要简明扼要地概述基本情况、交代背景、点明主旨或说明成绩，为主体内容的展开做必要的铺垫。

正文。这是分析报告的核心部分，其内容应当包括：一是信息公开、信息沟通的基本状况，主要做法，必要的数据统计，描述主要的成绩。二是成绩、特点与问题（经验和教训等）。这一部分要求在全面回顾工作情况的基础上，深刻、透彻地分析取得成绩的原因、条件、特点，以及存在的问题，探索工作中带有规律性的东西。回顾要全面，分析要透彻。三是建议与对策。针对工作中存在的问题，认真分析造成这种状况的原因，为厂务公开活动的改善提出建议。四是结尾。可以概述全文，可以说明好经验带来的效果，也可以说明问题的严重性，起到点明主题，提醒读者重点把握的作用。

结尾。报告的最后要有署名和时间日期，如果标题之下已有署名，可不再写。

105. 劳资协商的概念是什么？

劳资协商，一般来说是为区别于集体协商而提出的一个特定概念，它是指在集体协商和集体合同制度以外，由用人单位的工会、职工代表或劳动者个人为一方，与用人单位的雇主代表，就涉及劳动者集体或个人的合法的、法律未加以规定的权益事项和程序规范，以及工会组织自身的权利义务进行商谈的行为。协商的内容主要包括用人单位涉及职工切身利益的重要改革方案和规章制度的制定，用人单位各岗位的工作定额和劳动标准，劳动合同的签订、变更、解除和终止，以及工会组织、工会会员和工会工作人员权益保护的实体和程序规范。劳资协商的形式主要通过定期或不定期的劳资协商会议的形式进行，有时也采取正式与非正式协商相结合、个别与集体协商（并非为达成集体合同）相结合的形式进行。

106. 劳资协商的目标是什么？

劳资协商的目标并非是达成一项集体合同或团体协约，它不是由劳资双方行使共决权的一种决策方式，而是依照法律所规定的程序和事项，采取“先民主、后集中”与定期、不定期的协商方式，使用人单位的改革和发展战略、规章制度、劳动标准的制定和修改能够建立在劳资协商和职工参与的基础之上，使劳动者个人劳动合同的订立、变更、修订、解除和终止能够反映个人的意愿和要求，使劳资协商的机制能够建立和渗透到用人单位任何层次和领域的决策过程中去的一种协商形式。它是现代企业制度中职工民主参与和民主管理的重要形式之一，也是集体协商和集体合同制度的重要补充。

107. 劳资协商和集体协商有什么区别？

第一，协商主体不同。

集体协商的劳方主体是用人单位工会或职工代表。劳资协商的主体既包括作为用人单位劳动者整体利益代表的工会组织和职工代表，也包括劳动者当事人个人。

第二，协商内容不同。

根据《劳动合同法》第五十一条和《集体合同规定》第六条规定，集体协商应包括劳动报酬、工作时间、休息休假、保险福利、劳动安全卫生等劳动标准，此外还包括合同期限，变更、解除、终止集体合同的协商程序，双方履行集体合同的权利义务，争议处理的约定，违反集体合同的责任以及双方认为应当协商的其他内容。而劳资协商的主要内容则既包括用人单位涉及职工切身利益的重大决策、改革方案和规章制度，也包括就工资以外的各项劳动标准进行定期或不定期协商，还包括劳动者个人劳动合同的签订、变更和解除、终止等事项。可以看出，劳资协商的内容能够对集体协商的内容起到有益的补充和完善。

第三，协商程序不同。

集体协商的程序在我国的《劳动法》中有明确规定，要经过协商、签约、批准和备案等法律程序。而劳资协商则有所不同，以用人单位的规章制度的制定为例，根据《劳动合同法》第四条，规章制度的制定应该分两个步骤：第一步是经职工代表大会或者全体职工讨论，提出方案和意见；第二步是用人单位与工会或职工代表平等协商，在充分听取意见，经过民主程序后，由用人单位确定。

第四，协商决定的权限不同。

集体协商实质上是用人单位和劳动者双方行使“共决权”。而劳资协商其权限却有很大不同，比如规章制度的制定中，用人单位享有“单决权”。

108. 劳资协商一般议题有哪些类型？

第一，劳动标准条件规范部分。

劳动标准条件规范部分是劳资协商的核心内容和主要议题。主要有以下内容：劳动报酬、工作时间、休息与休假、保险待遇与福利、职业培训、劳动安全与卫生等。其中劳动报酬主要包括：用人单位的工资水平，工资分配制度，工资标准和工资分配形式，工资支付办法，加班、加点工资及津贴、补贴标准和奖金分配办法，工资调整办法，试用期及病、事假等期间的工资待遇，特殊情况下职工工资（生活费）支付办法，其他劳动报酬分配办法。

第二，一般性规定和其他规定。

一般性规定主要是指规定劳动合同履行的有关规则。包括职工录用规则，劳动合同的变更、续签规则，辞职、辞退规则等。其他规定通常作为劳动条件标准的补充条款。

109. 怎样收集整理劳资协商议题意见及相关资料？

第一，收集整理劳资协商议题相关意见。

收集整理劳资协商议题的意见，首先要了解用人单位的劳动者对涉及劳资协商议题的意见，尤其是与重要议题有直接利害关系的劳动者群体的意见。同时，还应听取用人单位经营管理者、相关部门的意见，以及相关的专家意见。征求用人单位各方面的意见不仅是为了了解相关需求、专业知识和技术等客观方面的信息，更重要的是要掌握各个方面对当前重大劳动关系问题的态度，以便确定劳资协商的主要议题。

在收集整理劳资关系议题意见时，要使收集的职工意见和建议围绕着共性的劳动关系议题发表意见，在议题内容上，应发挥劳资协商对集体合同和个人劳动合同的拾遗补缺作用，注重完善用人单位的劳动规章制度。同时，应特别注意职工权益因受到侵害而产生的各种不满情绪，及时将此类问题纳入劳资协商，避免劳动争议和群体性事件发生，防患于未然。另外，对职工意见和建议中反映出的某些问题要做进一步实地调查。在收集职工意见和建议时，劳动关系协调员应持的态度包括：平易近人，富有同情心；认真倾听，做好笔录；交流看法，共同分析；对职工正当要求，尽力帮助解决；谈话记录应让职工过目。

第二，收集整理劳资协商议题相关资料。

一般而论，劳资协商涉及以下两类资料：一类是用人单位的外部信息资料，包括国家现行法律法规有关职工权益的基本劳动标准，政府发布的有关物价指数，工资指导线数据，最低工资标准，最低生活保障标准等，本地区劳动力市场供求状况及劳动力价位，同行业或同类型企业的平均工资水平和劳动标准。另一类是用人单位的内部信息资料，包括本企业生产经营及财务状况，近年来本企业劳动条件与劳动标准状况，人工成本，企业现行规章制度。

110. 怎样安排召开劳资协商会议？

第一，做好筹备工作。

召开劳资协商会议需要收集与会议相关的方方面面的信息，通过对信息的筛选、分析、归类，可以指导制定出详细缜密的计划纲要。同时，必须建立起专门的筹备小组与策划小组，这两个小组的成员无论是专职还是兼职，其工作的最终结果是使会议顺利完成。因而，会议的组织筹办人员可以选择精干而有丰富经验的劳动关系协调员担当，辅之以劳资双方的人员。

第二，明确协商会议的目的与必要性。

协商会议的目标取决于会议的召集或指定人员。因此，进行具体策划之前，应该跟与会者和参加者进行深入的沟通与交流，要通过对话进行调研与评估，实际考察出劳资双方对此会议的了解程度和知晓状况，重视与否及意见建议。只有充分妥善地处理好跟与会主体的双边互动关系，才能够做到在会议策划中有章可循。

在参加设定协商会议目标时，劳动关系协调员要注意以下三个具体要求：一是协商会议目标必须用书面方式列明。二是会议目标必须切合实际。三是会议目标必须具体且可以衡量。

第三，与会者的选择。

参加会议的人员可以与集体协商的组成人员一致，也可以更加精简，具体人数应视情况需要合理确定。在具体操作上，与会人员主要分为下列两类：一是劳资双方的代表，他们是实现会议目标的主要人员，因此对他们应优先考虑。二是能够推进协商会议发展的人员，比如第三方机构的相关人员，这些人参加会议，将有助于会议功能的发挥，但会议也并非绝对不可以缺少他们。对于一时难以分辨是否应邀请的人士，最好在条件允许的情况下坚持邀请，以免遗漏。

第四，会议日程的安排要求。

编排会议日程要充分考虑会期、会议议程等情况，一般可根据会议日程将大会划分为几个阶段，对每个阶段的议程及主要活动作出初步规划，然后设立具体的日期安排。并根据议程的具体内容、要求，合理安排日程，程序性较强的议程应安排得紧凑些，使其有条不紊，环环相扣。反之，则应尽可能把时间安排得充裕一些。会议日程的编排要明确具体，一目了然，会议议程的内容一般应包括：时间、会议内容、地点、主持人等。如果用人单位较小，也可以压缩上述过程。但无论如何，劳资协商是一个讲究程序的正式协商过程，尽管不像集体协商那样正规，也应尽量避免走过场。

第五，协商会议的管理。

在策划协商会议时，劳动关系协调员应遵循以下三项原则：一是宜早不宜迟。通常协商会议的构思、酝酿和策划是一个渐进的过程。经验表明，策划宜早不宜迟，原因是需留出讨论、修改和审批的充分时间。二是要全面考虑。协商会议的准备工作涉及方方面面，需考虑周详，避免因一时疏漏在将来造成损失。特别要抓紧会议服务的各个关键环节，避免出现大的闪失。三是要制定出落实会议的时间表。为了保证协商会议能按时实施，必须制定出各阶段任务的具体落实时间表。这一时间表是督促检查的依据，也是掌握进度、调整快慢的准绳。

111. 怎样评估劳资协商协议?

第一，评估的常用方法。

在评估中既有定量分析也有定性分析。定性分析主要通过深入解剖少数个案而获得对整个协议执行及其收效的深入了解。定性分析收集资料的方式主要有对个案的深入访谈、小组座谈、典型单位文献资料分析等。定性分析的优点在于能够深入分析协议执行的全过程，仔细地分析执行过程的成效和不足，以及取得各种收效或失败的原因。而不足之处主要是它难以兼顾分析对象的广泛性。评估中的定量分析主要通过广泛收集资料，并对资料进行统计分析和比较，从而获得对协议执行及其收效的数量分析结论。在现实的评估中大量采用定量分析方法，这类方法主要是采用一组客观的指标来分析协议执行是否达到预期目标，并通过对协议实施前后的情况进行定量比较，以及通过广泛的调查来分析协议实施的效果。

第二，评估的组织及实施方式。

协商协议评估一般也需要按照严格的程序进行。评估工作的主要环节包括评估计划的拟订、评估者和评估机构的选定、评估的实施、评估报告的撰写等。评估计划的拟订是劳资协议评估工作的首要环节。评估计划的内容包括对评估工作的执行者、内容、标准、方法与步骤等环节的具体规定，以及对评估工作需要的经费及组织方式的安排。

选择合格和合适的评估机构和评估者是协商协议评估工作中的重要一环。评估机构分评估的组织机构和评估工作的执行机构，前者主要负责制定评估工作的计划、组建或聘请评估的执行机构、验收评估工作的报告；而后者则负责评估工作的具体实施。评估的组织机构可以由劳资双方共同组成，协议评估的执行机构则可以是由劳动关系协调师临时组建的评估工作班子，也可以委托政府研究部门、大学和相关的科研机构，以及一些商业性的政策评估机构等。评估计划拟订完成和评估队伍组建之后，就可以按照评估计划展开评估工作。评估者通过收集资料、整理和分析资料，得出评估结论，然后写作评估报告。评估报告是评估工作的最终产品，其内容一般包括对评估工作进程及方法的介绍和说明、评估结论以及相应的政策建议等内容。

112. 职工代表大会具有怎样的法律地位？

职工代表大会是职工行使民主管理权的机构。2012 年 2 月颁布的《企业民主管理规定》再次明确规定：职工代表大会（或职工大会）是职工行使民主管理权利的机构，是企业民主管理的基本形式。职工代表大会是企业实行民主管理的基本制度，是职工参与企业管理的基本形式。职工代表大会是由全体职工选举的职工代表组成的，它以职工广泛参与为特征；他们代表全体职工行使民主管理权利，表达全体员工意志，体现大多数职工利益，以少数服从多数为原则。职工代表大会行使的权力是民主管理的权利，按《全民所有制工业企业职工代表大会条例》规定，它是指“审议企业重大决策，监督行政领导，维护职工合法权益等方面的权利”。

113. 职工代表大会的组织机构有哪些？

职工代表大会的组织机构包括大会主席团、代表团（组）和根据工作需要而设立的经常性或临时性的专门小组。职工代表大会主席团是职工代表大会会议期间的组织领导机构，并主持会议。其成员应包括工人、技术人员、管理人员和企业的领导干部。其中工人、技术人员、管理人员应超过半数。

主席团成员必须是本届职工代表大会的正式代表，其人数可根据职工代表人数多少决定。主席团不实行常任制。职工代表大会开展的活动是统一组织起来的职工代表的活动，在企业组织中，职工代表按照分厂、车间、科室组成代表团（组），推选团（组）长。被推选出来的职工代表按所在生产和工作单位组成的代表团（组）开展活动。代表团（组）长一般应由分厂、车间或科室工会主席担任。职工代表大会的专门工作小组是根据职工代表大会工作需要而设置的执行专门任务的临时性或经常性机构。专门工作小组成员一般在职工代表中产生，根据职工代表人数及要解决问题的难易度确立小组的人数，每个小组 3～5 人不等，也可以聘请少数有特殊专长的非职工代表参加，但须经过职工代表大会通过。专门小组对职工代表大会负责，承办职工代表大会交付的各项工作。

114. 怎样确定职工代表大会的议题？

第一，职工代表大会的议题，是指针对企业的生产发展和经营管理活动，以及职工生活福利等方面，列入职工代表大会议程和提交职工代表大会讨论审议的问题。包括所要审议的问题的要点，提出议题的依据、实施议题的方法与步骤。

第二，职工代表大会开会之前，需要确定职工代表大会的议题。职工代表大会的议题是否妥当与合理，关系到职工代表大会的质量。正确确定职工代表大会的议题的基本要求就是要针对企业生产发展、经营管理、劳动关系协调和职工生活福利等方面的重要问题，其中尤其是职工群众最为关心的一些重要问题。每次职代会要重点解决好一两个重要问题，议题不要太多，以便集中讨论、集中精力去研究解决。

第三，职工代表大会议题的一般程序包括：①会议召开之前，工会委员会应通过组织系统广泛征求职工代表和职工群众的意见，了解当前本单位生产经营和管理中存在的主要问题和职工群众迫切要求解决的重大问题。②工会委员会同行政领导进行协商，并提请党委讨论，形成对大会议题的初步意见。③召开职工代表团（组）长和职工代表大会专门小组负责人联席会议进行讨论，征求意见。④由工会向职工代表大会预备会议提出大会议题的建议，并由预备会议讨论通过。遇有重大事项，经行政领导人、党委、工会讨论或 1/3 以上职工代表提议，召开临时会议，即以该重大事项为议题。

115. 怎样选举职工代表大会代表?

《全民所有制工业企业职工代表大会条例》规定:“职工代表的产生,应当以班组或者工段为单位,由职工直接选举。大型企业的职工代表,也可以由分厂或者车间的职工代表相互推选产生。”《企业民主管理规定》第二十四条规定:职工代表应当以班组、工段、车间、科室等为基本选举单位,由职工直接选举产生。规模较大、管理层次较多的企业的职工代表,可以由下一级职工代表大会代表选举产生。

职工代表的选举,首先由工会委员会根据《全民所有制工业企业职工代表大会条例》和《企业民主管理规定》拟订职工选举职工代表的议案,包括名额的分配、选举的办法和步骤、各类人员的比例,然后由工会委员会召开的职工代表团(组)长和专门小组或工会委员会扩大会议讨论通过,或者由职代会筹备委员会讨论通过,并由各级工会组织按选举办法主持选举。

116. 职工代表大会代表有哪些权利和义务?

《全民所有制工业企业职工代表大会条例》和《企业民主管理规定》对职工代表的权利和义务作了具体规定。职工代表只有明确权利和义务,才能更好地履行自己的工作职责,充分发挥参与管理的作用,并更好地维护自己的权益。

第一,职工代表的权利。

《全民所有制工业企业职工代表大会条例》和《企业民主管理规定》规定了职工代表有以下权利:在职工代表大会上,有选举权和表决权;有权参加职工代表大会及其工作机构,对企业执行职工代表大会决议和提案落实情况进行检查;有权参加对企业领导人的质询;因参加职工代表大会组织的各项活动而占用生产或工作时间的,有权按照正常出勤享受应得待遇；对职工代表行使民主权利，任何组织和个人不得压制、阻挠和打击报复。

第二，职工代表的义务。

《企业民主管理规定》规定了职工代表的义务：遵守法律法规、企业规章制度，提高自身素质，积极参与企业民主管理；依法履行职工代表职责，听取职工对企业生产经营管理等方面的意见和建议以及涉及职工切身利益问题的意见和要求，并客观真实地向企业反映；参加企业职工代表大会组织的各项活动，执行职工代表大会通过的决议，完成职工代表大会交办的工作；向选举单位的职工报告参加职工代表大会活动和履行职责情况，接受职工的评议和监督；保守企业的商业秘密和与知识产权相关的保密事项。

117. 主持职工代表大会有什么要点？

第一，拟好开场白。

开场白是一段系统、简洁、审慎及有明确宗旨的3～5分钟的谈话。一份好的开场白应符合下列条件：让与会者清楚地知道开会的目的及程序；让与会者知道为何请他们来开会；预告提示，避免多余和不相关的主题，取得与会者对会议进行方式的认可。

第二，适当的会议控制。

会议主持人要能够从容应对会议中出现的各种临时状况。从搭建与会者间互动的桥梁，控制讨论方向不致离题，到引导与会者进行创新性思考，都有赖于主持人的经验与智慧。

一是营造和谐的气氛。当严肃与恐惧弥漫在会议中时，与会者就很难畅所欲言。要营造和谐的气氛，鼓励与会者发言。当与会者的发言带有批评倾向时，主持人要避免露出不悦或接话反击，否则就很难让会议有和谐的气氛。

二是按照议程进行。议程一方面是让与会者对要讨论的事项有心理准备，也方便在讨论每告一个段落时，检查有无该议而未议的地方。另一方面，也让与会者对会议流程有清楚概念，可避免讨论失去控制。倘若议程表来不及在会前发给与会者，也应在会场适当场合利用视听设备（如投影机）传开展示。若与会者对议程有疑问，应在讨论开始前排除，以保证会议确能照议程进行。

三是正确总结讨论内容。在会议进行时，主持人有必要在讨论每告一个段落时，将结果作一次总结。总结发言要有系统地陈述会议的内容及达成的共识，如有疑义立即修正。总结完毕之后，主持人再宣布开始下一阶段的讨论。

四是引导发言者解释令人困惑的发言。有些发言者可能不善于言辞，或喜欢用专用名词，发言内容常让人一头雾水，令其他与会者只能“臆测”，这种情况常常使发言者的愿意被扭曲。因此，当主持人发现有让人困惑的发言，而又没有人提出质疑时，就应立刻对此人作出回应，引导发言者把确切的意思讲出来。

五是尊重少数人的意见，避免出现意见一面倒的情况。有时少数人的意见会在日后被证明是对的。主持人要使与会者了解到，即使不同意他人的看法，也要尊重他人发言的权利。主持人的工作之一就是当少数人意见被压制时，尽可能让他们多发言，毕竟少数人所提出的反向思考，有时对提高决议质量很有帮助。

六是减少与议题无关的争辩与讨论。无关的争辩指的是，发言者情绪化地要他人承认其想法是错误的，这样就会产生不必要的争端。当这种情况发生时，主持人要立即打断他的发言，说明其争辩的内容与讨论无关。但是若其争辩内容没有离题，则应允许继续辩论下去，不过要严格控制时间与主题，因为这样反而对于了解议题的优劣有正面帮助。

七是保持中立态度。主持人在讨论过程中要严守中立态度，不要掺杂个人意见。其职责应是尽力协助与会者以客观态度议事，而不是暗示与会者何者为其满意的意见。

118. 怎样对职工代表大会的决议落实进行监督？

第一，通过专门工作小组进行监督。

在职代会闭会期间，职工代表大会的各专门工作小组对职代会通过的属于本小组职责范围内的决议负有督促实施和监督检查的职责。工作小组可以事先制订监督检查计划，届时组织小组成员就决议的实施情况进行监督检查。检查过程中如发现职能部门对职代会决议落实不力的，要及时向工会委员会进行情况通报，必要时可以向工会委员会提出召开代表团组长联席会议就某项问题进行讨论和建议。

第二，职工代表巡视制度。

职工代表巡视制度是近年来企业在监督和检查职代会决议落实情况方面所作的创新，它是指由企业党委或工会出面组织一定数量的职工代表，对职代会决议的落实情况进行定期或不定期调查与检查，以督促企业各职能部门认真落实职代会决议的民主管理形式。做好这项工作需要注意以下几个问题：

一是要选好职工代表。要选择那些群众威信高、业务技术精、敢于为群众说话的职工代表参与其中，注意吸收来自一线的职工代表。为保证巡视质量，有必要为这些代表举办专题培训班。二是要规范巡视过程。通过制定《职工代表巡视制度》使其制度化。巡视人员对发现的问题，有权向被巡视单位领导质询，并提出限期改正的意见。被巡视的单位要认真对待巡视工作，积极配合，为巡视工作提供方便和可靠资料信息，认真解释巡视人员质询和提出的问题，不得搪塞推诿。巡视结束后，巡视组要将巡视情况形成书面报告，向公司党委或总经理办公会及工会委员会汇报。对职代会决议、提案落实情况的巡视情况，在下次职代会中进行报告。三是要做好整改和反馈工作。应把职代会决议中的那些影响企业发展的重点、难点以及职工关心的焦点和热点问题作为巡视内容。对巡视中发现的问题要及时通报，要求相关部门提出改进措施。

第三，其他监督方法。

除了上面讲到的几种方式外，企业还可以根据自己的具体情况开辟更多的监督与检查方式。

比如在食堂、礼堂等地方设立意见箱，使职工群众自由地反映职代会决议落实情况和存在的问题，由工会或党委收集职工意见，进行汇集与整理，对那些职工反映强烈的问题，党委和工会可以根据情况通过建议召开代表团组长联席会议等方式予以解决。另外，还可以开展“职工代表接待日”活动，了解职工群众对职代会决议执行情况的意见，并将意见进行归纳和整理，转交相关部门处理。

119. 什么是职工董事职工监事制度?

职工董事职工监事制度，是依照法律规定，通过职工代表大会选举产生的职工代表作为董事会、监事会成员参与公司决策、管理和监督，代表和维护职工合法权益，促进企业健康发展的制度。凡依法设立董事会、监事会的公司都应建立职工董事职工监事制度。

职工董事职工监事是相对于产权所有者的代表而言的，他们是由职工选举产生而不是由出资人委派产生。因此，他们的身份虽然可以称为“职工董事”、“职工监事”，并享有资方董事和监事相同的权利，但他们的代表性却非常明确，即在董事会和监事会上代表职工的利益。当然这种代表并不意味着与资方代表必然会形成利益的对立，而是通过参与高层次的决策，协调劳资双方的利益，促成企业利益共同体的实现。

推行职工董事职工监事制度，在我国现行法律及党和政府的政策文件中都有明确规定，是建立现代企业制度，完善公司法人治理结构的重要内容；是维护职工合法权益，调动和发挥职工的积极性和创造性，建立和谐稳定的劳动关系，促进企业改革、发展、稳定的内在需要。

120. 职工董事职工监事的工作程序有哪些?

第一，职工董事职工监事应当围绕公司董事会、监事会会议议题，在参与决策前，要深入到职工群众中，充分听取广大职工和工会的意见和建议，广泛收集职工代表反映的情况，如实反映工会、职代会或代表团（组）长和专门委员会（小组）联席会等方面形成的意见。

第二，每次召开董事会、监事会后，由职工董事职工监事向工会委员会通报情况。每年职工董事职工监事向职工代表大会进行一次述职报告，接受职工代表的询问。

第三，职代会每年对职工董事职工监事就履行工作职责等情况进行一次评议，并根据评议结果，对认真履行职工董事职工监事职责的人员提出奖励意见。

第四，职工董事职工监事的更换要按照民主程序进行，对不称职或者有严重过失的职工董事职工监事由职代会罢免。

案例：××公司职工代表巡视制度

第一条 根据《劳动法》、《企业法》、《工会法》和《全民所有制工业企业职工代表大会条例》，以及《公司职工代表大会条例实施细则》的有关规定，特制定本制度。

第二条 组织职工代表巡视检查分定期、不定期和专题巡视。

第三条 职工代表巡视检查活动分公司和分厂两级进行。公司工会负责组织公司职工代表的巡视；分厂工会负责组织对本级职工代表的巡视。

第四条 职工代表巡视检查的主要内容：

1. 生产经营管理的情况是否符合本公司制定的各项生产与管理标准，包括年度经营方案落实情况、各项规章制度的执行情况和劳动竞赛开展情况等。

2. 职工生活福利部分。包括劳动报酬、工作时间、休息休假、员工生活、职工福利费使用和送温暖资金使用情况等。

3. 职代会通过事项的落实、职工代表提案落实、厂务公开工作制度执行情况、集体合同和劳动合同执行情况等。

第五条 职工代表巡视检查人员组成，坚持三方原则，即：职工代表、工会和行政业务主管部门人员组成，其中以职工代表为主。

第六条 职工代表巡视检查活动由各级工会牵头组织，各有关业务部门协办，各受检查单位、部门、项目部应积极配合。

第七条 职工代表巡视检查的方法是：听、看、查、议、评。要广泛听取广大职工群众的意见和受检查单位主要负责人的汇报；查看有关资料，对所听、看、查的情况进行认真评议，总结经验，提出问题和整改意见。

第八条 职工代表巡视检查的步骤是：

1. 调查摸底。首先对本单位各项管理及各部门的工作情况进行必要的调查摸底，做到心中有数，找准目标，明确重点。在此基础上确定巡视检查的时间、内容及重点。

2. 制订方案。结合受检对象的实际，认真制订实施方案，在方案中要确定时间、地点、内容，并做到人员落实。

3. 选派代表。根据受检内容，认真挑选职工代表，把思想品德好、业务能力强、工作作风硬的代表推选出来，组成若干小组进行巡视检查。

4. 召开预备会。代表选出后，要召集代表和有关业务部门人员开好预备会。会上要讲清意义、巡视检查的内容及有关要求，同时通知受检单位做好安排。

5. 巡视检查。按计划安排，组织职工代表对受检单位进行巡视检查。根据实际情况每年进行 2 ~ 3 次。

6. 评议阶段。职工代表对巡视检查的结果要当场进行评议、总结经验，指出问题，提出整改意见。

7. 意见反馈。对职工代表所提出的意见，应在规定的时间内及时整改，并将整改的措施及整改进展情况及时反馈给职工代表，一般反馈时间不超过15日。

8. 总结通报。每进行完一次巡视检查活动，都要作出书面总结，好的给予表扬，差的提出批评。

第九条 本制度适用于全公司各单位，解释权归公司工会。

第十条 本制度自××××年××月××日起施行。

＊＊＊公司工会委员会（章）

××××年××月××日

七 员工申诉与劳动争议处理

121. 什么是员工申诉？有什么特征？

第一，员工申诉的概念。

员工申诉是指员工认为在工作中遭到不平等待遇或发现用人单位内部的不法行为时，提出要求解决的行为。其内容可以涵盖用人单位管理、用人单位决策以及其他关乎员工切身利益的事项。具体包括：集体合同、工作规则及其他企业内部规则的制定及内容；用人单位根据内部规定，对员工的命令、禁止、许可、免除、认可、受理、通知、确认等各方面的意思表示；用人单位所提出的各项发展计划、生产计划、营销计划、业务计划等的构想与行动；用人单位依据有关的内部规定而采取的劝告、诱导等非强制性的事实行为；用人单位给予员工的奖励、实施的惩罚等行为。

第二，员工申诉的特征。

员工申诉具有内部性、直接性和正式性特征。内部性是指员工申诉是将劳动冲突解决在用人单位内部的处理方式，既可以反映职工的利益，又可以更快、更好地解决冲突，减少劳动冲突对双方产生的不良影响。直接性体现在员工申诉由员工直接向用人单位提出，不涉及第三方，由申诉的双方正面交涉解决。员工申诉的合理解决有助于双方消除隔阂，化解矛盾，增强理解，相互信任，从而推动组织发展，在组织中真正建立起和谐稳定的劳动关系。正式性指员工申诉是员工对于劳动关系中所产生的问题通过正式渠道向用人单位进行反映的一种形式，是一种合法解决问题的途径。申诉一般要求员工以书面的形式提交，不同于私下的抱怨和指责。

第三，员工申诉的分类。

员工申诉通常可以分为两类：个人申诉和集体申诉。个人申诉多是由于管理方对员工进行惩罚引起的纠纷，通常由个人或工会代表提出。其内容涵盖从管理方发出书面警告到员工最终被解雇整个过程中可能引发的任何争议。争议的焦点是是否违反了集体合同中规定的个人和团体的权利。

集体申诉是为了集体利益而提起的政策性申诉，通常是工会针对管理方（在某些情况下，也可能是管理方针对工会）违反协议条款的行为提出的。集体申诉虽不直接涉及个人权利，但却影响整个谈判单位的团体利益，通常由工会委员会的成员代表工会的利益提出。

122. 为什么要建立员工申诉制度？

员工申诉制度为处理劳资之间的纠纷、分歧和不满提供了有序的方法。企业组织内员工申诉制度的建立，具有以下的作用：

第一，提供员工依照正式程序，维护其合法权益的救济渠道。

第二，疏解员工情绪，改善工作气氛。

第三，审视人力资源管理制度与规章的合理性。

第四，促进组织的内部公平。

第五，与集体合同结合，保障集体合同的顺利施行。

第六，减轻高层管理者处理员工不满事件的负荷。

第七，提高企业内部自行解决问题的能力，避免外力介入或干预，使问题扩大或恶化。

123. 员工申诉制度设计的原则是什么？

一般而言，内部申诉制度的建立，应当遵循以下五条准则。

一是申诉规则的制度化，申诉制度和程序必须要明确加以说明，这对于保护员工及企业的合法权益具有重要作用。二是申诉机构的正式化，正式的申诉机构应由劳资双方代表共同组成，以确保申诉处理的客观、公正。三是申诉范围的明确化，明确界定申诉问题的范围，可以准确判断申诉事件是否成立，以及是否值得进一步加以调查。四是申诉程序的合理化，要保证申诉程序合理，符合相关制度要求。五是申诉处理的技巧化，处理员工申诉应把握如下原则：确实做好保密工作，减少申诉者的疑虑；摒除本位主义，以超然、公正及客观的立场处理员工申诉；掌握处理时效，避免久拖不决；答复员工问题时，力求精确明示，切忌语意不明，模棱两可。

124. 怎样进行员工申诉处理？

员工申诉的主要程序可以归为四个阶段：

第一，受理员工申诉。即由申诉者与监督者、管理者商谈，管理者在接受申诉的过程中，要心平气和地对待申诉人，用客气、关怀的态度接纳申诉人，并观察其态度，从其态度和谈话中探讨产生抱怨的关键所在。

第二，查明事实。管理者要查明争议事实，不得有偏袒。

第三，解决问题。管理者在了解员工申诉的事实真相后，应设法加以解决，并明白告诉事实真相，免除员工的误解。

第四，申请仲裁。如果员工的不满不能在组织内部获得满意解决，则双方都可以诉诸第三者仲裁。

125. 员工申诉中涉及哪些部门，它们的职能是怎样的？

员工申诉中涉及的部门主要有工会和人力资源管理部门。

第一，工会是企业劳动者的代表，是其合法权益的维护者。在员工申诉过程中，工会必须对员工的合法、合理申诉提供支持。企业工会在员工申诉过程中的职能，有以下四个方面：一是代表员工与企业、事业单位行政部门建立员工申诉制度，参与协商调解员工申诉问题，协商解决涉及职工切身利益的问题。二是在员工申诉制度中，帮助和指导员工与企业进行合法、合理的谈判。三是为员工提供咨询服务，提供相关法律支持和企业规章制度解释。四是必要时可代表员工进行相关申诉。

第二，人力资源管理部门是员工申诉过程中的主要参与部门，它是协调各相关部门的枢纽，其在员工申诉过程中有以下四个方面的职责：一是制定员工申诉制度，规范员工申诉流程。二是保证员工申诉渠道畅通。三是深入员工，倾听员工声音，及时了解职工基本的思想动向，预防劳动争议等一系列的问题的产生。四是协调劳动争议各方积极解决矛盾，妥善处理员工所申诉问题。

126. 劳动争议协商是什么？有哪些特征？

第一，劳动争议协商的含义。

劳动争议协商通常是指发生劳动争议的双方当事人在平等自愿的基础上，通过自行协商，或请工会或第三方与用人单位进行协商，达成和解协议的一种争议解决方式。这是处理劳动争议的简易程序，是国家提倡的劳动争议双方当事人自行协商解决劳动争议的基本原则在劳动争议处理制度中的具体体现。劳动争议协商适用于较为简单的个人和集体劳动争议，也适用于集体劳动合同争议。

虽然协商和解过程一般由争议双方自行完成，但考虑到劳动者相对于用人单位通常处于弱势地位，如果单纯由劳动者与用人单位进行协商和解，双方由于存在地位上的不平衡性，通常很难达成和解协议，因此《调解仲裁法》增加了劳动者请工会或者第三方帮助共同与用人单位进行协商的规定，目的是通过工会和第三方的加入，促成用人单位与劳动者能够坐下来协商，进而达成和解协议，充分发挥协商在处理劳动争议方面的作用。协商和解成功后，当事人双方应当签订和解协议。

第二，劳动争议协商的主要特征。

一是劳动争议协商必须出于当事人双方完全自愿。没有内、外压力，自愿是劳动争议协商的基础和前提条件。协商的自愿性主要表现在：通过协商达到消除矛盾、解决争议是当事人双方的共同意愿和要求，是双方主动的自觉行为，不受任何第三者和外界因素的制约和干扰；经协商达成的和解协议是双方意志的体现，由当事人自觉履行；当事人不愿协商或协商不成时，一方不能强迫另一方接受其不愿接受的条件；达成和解协议后，对于和解协议必须由当事人自觉自愿履行，一方不能强迫另一方履行和解协议；当事人不愿协商或者协商不成时，有权自主决定申请调解或仲裁，任何组织或个人无权干涉。

二是劳动争议协商应当建立在相互信任和尊重的基础上，劳动争议协商是劳资双方就劳动关系问题进行的平等的协商，劳资双方在协商中的地位是平等的。在协商过程中，信任和尊重是协商顺利取得成果的前提。

三是劳动争议的协商具有灵活性。争议双方可以在法律规定的范围内就争议事项进行协商，只要其协商的事项不违背法律法规的强制性规定即可。由于不是法定的劳动争议解决步骤，因此针对协商也没有严格的程序化规定，劳动争议发生后，当事人双方可即时就具体事项进行协调和商谈，在较短时间内使争议得到妥善解决。

四是协商不是处理劳动争议的必经程序。国家提倡劳动关系当事人双方发生争议后，首先主动协商和解，但是协商并不是处理劳动争议的法定必经程序。

127. 怎样进行劳动争议协商？

第一，协商前的准备。

一是要查明争议事实。根据劳动争议的性质划分，在我国，目前将劳动者一方人数 10 人及 10 人以上的劳动争议确立为集体争议，集体争议若解决不好可能直接影响企业的正常生产经营秩序，甚至影响社会的和谐稳定。根据劳动争议产生的原因，一些争议是由于员工的切身利益甚至基本生存权利受到了侵害引起的，例如，劳动报酬、工伤医疗费、赔偿争议等，负责协商和解的人员应足够重视并正确估计事态后果。而另一些争议是由于企业无法满足员工职业发展的需要引起的，例如培训、福利、升职等，这类争议矛盾冲突相对较小，比较容易通过协商和解的方式解决。

二是要熟悉相关法律法规，进行劳动争议的协商必须熟悉相关的法律法规，劳动关系协调员应组织发生劳动争议的双方充分学习、了解相关的法律法规，争取在协商和解过程中做到有理、有据、有节。加强对《劳动法》、《劳动合同法》、《仲裁法》、《劳动争议调解仲裁法》、《劳动争议仲裁办案规则》、《民事诉讼法》等相关法律规定的了解。

三是选择协商人员。在个体劳动争议中，劳动者一方一般为发生劳动争议的当事人本人，而企业一方选择的协商人员通常应考虑三点要求：尽量与该劳动争议无利害关系，具备相应法律知识、经验，在企业和员工中具有一定声望。在集体争议中，劳动者一方通常选择能够代表员工利益并且沟通、应变能力较强的劳动者作为代表。《劳动争议调解仲裁法》第七条规定：发生劳动争议的劳动者一方在10人以上，并有共同请求的，可以推荐代表参加调解、仲裁或者诉讼活动。

四是确立协商的目标。劳动争议协商和解的目标可以划分为三个层次，分别是：必须达成的目标，是协商不成也不能放弃的目标，即进行协商和解可以接受的底线；预期达成的目标，但是在迫不得已的情况下可以选择放弃的；期望达成的目标，在必要时可以放弃的。

第二，劳动争议焦点提炼。

劳动争议的焦点也就是劳动争议双方围绕的争议中心，争议焦点的寻找和提出是协商作用能否发挥效果的基础。根据《劳动争议调解仲裁法》第二条的有关规定，劳动争议一般可以分为六大类，因此，劳动争议焦点的提炼应围绕法律规定的六类劳动争议进行。一般来说，劳动争议主要分为以下六大类：因确认劳动关系发生的争议；因订立、履行、变更、解除和终止劳动合同发生的争议；因除名、辞退和辞职、离职发生的争议；因工作时间、休息休假、社会保险、福利、培训以及劳动保护发生的争议；因劳动报酬、工伤医疗费、经济补偿或者赔偿金等发生的争议；法律、法规规定的其他劳动争议。

第三，协商的过程。

劳动争议协商的过程就是劳动争议的双方当事人表明各自观点、交换意见以达成共识的过程，可以看作是双方当事人参与协调劳动关系的过程。在协商的过程中，劳动关系协调员要秉承公正、中立的态度，科学引导劳动争议协商中的劳资双方找到利益的共同点，相互谅解，争取取得劳动争议的解决，和谐劳动关系。

第四，协商的结果。

一般来说，协商和解的结果有三种：第一种为和解过程失败，双方未能达成有效的协议；第二种为双方达成和解协议，但和解协议未能被有效的执行；第三种为双方达成和解协议，并且和解协议得到双方的积极履行。劳动争议中的双方当事人如果达成和解协议，就要积极履行协议内容，化解劳动争议，促进劳资共赢，劳动关系协调员要监督协议内容的落实情况。劳动争议中的双方当事人如果未能就争议内容达成和解协议，可以向当地法院提起诉讼。

128. 劳动争议包括哪些种类?

根据《劳动争议调解仲裁法》中关于劳动争议种类的划分与界定，劳动争议协商调解人员在了解分析具体的劳动争议案件之后，应根据案件的具体信息和特点，判断其属于哪一类劳动争议案件，并根据劳动争议案件种类的不同，提供相应的法律咨询。劳动争议包括以下种类：

第一，因确认劳动关系发生的争议。

因确认劳动关系发生的争议，是指劳动者与用人单位就双方之间是否存在劳动关系而发生的争议。劳动和社会保障部（现人力资源和社会保障部）于2005年颁布了《确立劳动关系有关事项的通知》（劳社部发〔2005〕12号），提出认定劳动关系应具备四项条件：当事人双方主体是否合法；用人单位的各项规章制度是否适用于劳动者，包括劳动纪律、奖惩规则；劳动者接受用人单位管理，从事用人单位安排的有报酬的劳动；劳动者提供的劳动是用人单位业务的组成部分。该文件同时明确，劳动者与用人单位就是否存在劳动关系引发争议的，可以向有管辖权的劳动争议仲裁委员会申请仲裁。

第二，因订立、履行、变更、解除和终止劳动合同发生的争议。

订立劳动合同争议。劳动合同订立，是指劳动者和用人单位通过平等协商，明确双方之间的权利和义务，最终通过签订劳动合同达成合意的过程。劳动者和用人单位在劳动关系存续期间因未订立劳动合同，或劳动合同涉嫌无效，或在劳动合同订立过程中引发争议的，称为订立劳动合同争议。

履行劳动合同争议。劳动合同履行，是指签订劳动合同的双方当事人在劳动合同依法成立后，按照劳动合同的规定全面履行自己应承担的义务，并享有劳动合同规定的权利的法律行为。因履行劳动合同约定的义务，享有劳动合同约定的权利而引发争议的，称为履行劳动合同争议。

变更劳动合同争议。劳动合同的变更，是指劳动合同双方当事人就已订立的劳动合同的部分条款达成修改、补充或者废止协议的法律行为。因劳动合同变更行为引发的争议，称为变更劳动合同的争议。

解除劳动合同争议。劳动合同解除，是指在劳动合同签订后，由于一定事由的出现，导致劳动合同双方当事人或一方当事人提前消灭劳动关系的一种法律行为。在劳动合同解除过程中引发的争议，称为解除劳动合同争议。

终止劳动合同争议。劳动合同的终止，是指劳动合同依法生效后，双方当事人履行了全部义务，实现了全部权利，或在履行过程中出现了法律规定的终止条件，用人单位和劳动者结束双方之间劳动关系的一种法律行为。因劳动合同终止引发的争议，称为终止劳动合同争议。

第三，因工作时间、休息休假、社会保险、福利、培训以及劳动保护发生的争议。

工作时间争议。工作时间是指以国家法律规定劳动者为用人单位提供劳动的时间。工作时间由法律规定，或者在国家法定标准之内由集体合同或劳动合同约定。《劳动法》第四章对工作时间做了专门的规定，国务院于 1994 年 2 月 3 日发布了《关于职工工作时间的规定》，1994 年 2 月 8 日，原劳动部、人事部又发布了《 <国务院关于职工工作时间的规定>的实施办法》，从不同法律规范层次，形成了较完善的工时制度。目前我们国家执行的工时制度主要包括标准工作时间制、综合计算工时工作制、不定时工作制。因用人单位执行的工作时间是否符合国家法定标准或依法订立的集体合同、劳动合同约定标准而引起的争议，称为工作时间争议。

休息休假争议。休息休假权利是我国宪法以及劳动法律法规赋予劳动者的一项基本的权利。休息休假既包括工时制度规定之外的时间，也包括节假日休息、年休假、探亲假、婚丧假、生育假等。因用人单位不执行休息休假法律规定而引发的争议，称为休息休假争议。

社会保险争议。社会保险是指已经建立劳动关系的劳动者，在其因年老、患病、工伤、失业、生育等原因，暂时或永久丧失劳动能力或劳动机会时，国家为保证其基本生活需要，而依法强制实行的一种社会保障制度，包括养老、医疗、失业、工伤和生育保险等制度。按照《劳动法》的规定，社会保险制度的目的是为了使劳动者在年老、患病、工伤、失业、生育等情况下获得帮助和补偿，用人单位必须依法参加社会保险，为劳动者缴纳各项社会保险费。劳动者和用人单位基于劳动关系因缴纳社会保险费或要求支付依法应由用人单位支付的社会保险费用而引发的争议，称为社会保险争议。根据社会保险不同的项目也可以将社会保险争议分为不同的类型，如养老保险争议、医疗保险争议、失业保险争议以及工伤保险争议等。

福利争议。福利是指用人单位为了激励劳动者、解除劳动者后顾之忧而建立的各种补贴制度和举办的集体福利事业，故福利又可划分为职工集体福利和职工个人福利。职工个人福利包括用人单位给付的各种实物、住房、部分津贴、补贴等。劳动者与用人单位因履行依法订立的集体合同、劳动合同和依法制定修订的劳动规章制度中规定的有关职工个人福利待遇等规定、约定而发生的争议，称为福利争议。

培训争议。培训是指按照一定标准，对劳动者进行的旨在培养和提高其职业技能的技术业务知识和实际操作技能的教育和训练活动。培训分为就业前职业培训和就业后职业培训（在职培训）。劳动争议仲裁受案范围中所指的培训是在职培训。用人单位与劳动者因执行或者履行法律、法规、规章以及依法订立的集体合同、劳动合同、培训协议、服务期协议和依法制定修订的劳动规章制度中规定的有关培训事项等规定、约定而发生的争议，称为培训争议。

劳动保护争议。劳动保护是劳动者在劳动过程中为保护其生命安全和身体健康而获得的各项保护措施，包括各项劳动安全卫生措施及女职工、未成年工的特殊劳动保护措施。用人单位是否为劳动者提供符合有关法律、法规、规章及依法订立的集体合同，依法制定和修订的劳动规章制度规定的劳动安全卫生条件、劳动保护措施等标准而发生的争议，称为劳动保护争议。

第四，因劳动报酬、工伤医疗费、经济补偿或者赔偿金等发生的争议。

劳动报酬争议。劳动报酬又称工资，是指劳动者提供正常劳动，用人单位按照国家及用人单位依法制定的规章制度的有关规定或劳动合同的约定，以货币形式直接支付给劳动者的劳动报酬。劳动报酬一般包括计时工资、计件工资、奖金、津贴、补贴、加班加点工资以及特殊情况下的保障工资等。因用人单位未执行国家及用人单位依法制定的有关工资支付的规定或者未履行劳动合同中有关工资支付的约定条款而引发的争议，称为劳动报酬争议。

工伤医疗费争议。工伤医疗费是指劳动者因工作遭受事故伤害或患职业病进行治疗时应享受的工伤医疗待遇。主要包括挂号费、检查费、治疗费、药费、住院费、住院伙食补助费、就医路费、统筹地区以外就医交通食宿费等与工伤或者职业病治疗有关的费用。按照工伤保险的有关规定，工伤期间的各项医疗费用，如用人单位依法参加了工伤保险，由工伤保险基金和用人单位按规定分别予以承担；如用人单位未参加工伤保险，则由用人单位全额支付。劳动者与用人单位因工伤或职业病的医疗费用的支付问题引发的争议，称为工伤医疗费争议。

经济补偿金争议。经济补偿金是指用人单位根据国家规定或者劳动合同的约定在与劳动者解除或终止劳动合同，或在拖欠、克扣劳动者的工资，以及在要求劳动者履行竞业限制义务时，以货币形式直接支付给劳动者的补偿费用或额外补偿费用。经济补偿金支付的种类除了依据《劳动合同法》第二十三条第二款、第四十六条规定的情形外，还包括《劳动合同法实施条例》第六条、第二十二条规定的情形，《违反和解除劳动合同的经济补偿办法》（劳部发〔1994〕481 号）第三条、第四条、第十条规定的情形以及《关于用人单位不签订劳动合同，员工要求经济补偿问题的复函》（劳办发〔1996〕181 号）规定的情形。劳动者与用人单位因经济补偿金的支付而引发的争议，称为经济补偿金争议。

赔偿金争议。赔偿金是指法律法规规定的用人单位因自己的违法行为而向劳动者支付的赔偿费用。因赔偿金支付的前提是用人单位有违法行为，故法定赔偿金一般具有惩罚性质。劳动者与用人单位因劳动法律法规规定的赔偿金发生争议，称为赔偿金争议。

第五，法律、法规规定的其他劳动争议。

因履行集体合同发生的争议。根据《集体合同规定》，集体合同是指用人单位与本单位职工根据法律、法规、规章的规定，就劳动报酬、工作时间、休息休假、劳动安全卫生、职业培训、保险福利等事项，通过集体协商签订的书面协议；专项集体合同，是指用人单位与本单位职工根据法律、法规、规章的规定，就集体协商的某项内容签订的专项书面协议。签订集体合同应由用人单位与本单位工会或职工代表平等协商，集体合同中约定的劳动标准职能等同或高于国家标准。集体合同的效力高于劳动合同。

其他争议包括因劳动者要求支付生活费、医疗补助费等引发的争议，因劳动者单方面解除劳动合同用人单位追索违约金引发的争议等

129. 劳动争议调解的依据和方法有哪些？

第一，劳动争议调解的依据。

进行劳动争议调解时，可从事实性依据和法律性依据两方面进行把握。

一是事实依据。首先，从原则的角度讲，劳动争议调解机构的调解工作，必须在调查核实有关事实的基础上，依照国家劳动法律、法规调解劳动争议。其次，从效果的角度讲，虽然调解协议是双方自愿的，双方也可以自主协商，处分自己的权利，但调解目的的彻底达成还是要以事实为依据。

二是法律依据。根据国家有关规定，调解委员会应在听取双方当事人对争议事实和理由的陈述，在查明事实、分清是非的基础上，依照有关劳动法律、法规，以及依照法律、法规制定的企业规章和劳动合同，公正调解。

第二，劳动争议调解的方法。

劳动争议调解过程中可以使用的方法包括以下几点：

一是主动疏导。即在明确双方当事人之间争议的事实和主张后，调解人员有针对性地对双方进行疏导工作，从纠纷发生的原因和纠纷发生的过程上进行分析和调解，耐心疏导，帮助双方达成调解协议。

二是分别调解。分别调解就是在劳动争议发生后，对争议双方当事

人分别进行调解，通过单独调解的方式达到调解的目的。

三是冷却处理。在劳动争议处理的实践过程中，很多当事人有着较为强烈的对抗情绪，无法冷静处理问题，不能正面陈述自己的观点和意见。此时劳动争议的解决往往陷入较为困难的境地，调解工作无法展开。此时，双方需要一段合理的时间来冷静思考，只有双方当事人冷静、明理，能够理性地思考问题并处理问题的时候，劳动争议调解工作才能够继续向前推进。

130. 怎样才能做到有效沟通？

第一，有效沟通的原则。

有效沟通的原则包括互相信任、充分理解、双向沟通。相互信任，是指沟通的双方本着相互信任的原则进行沟通，相互信任是沟通顺利展开的前提。充分理解是指沟通双方应充分理解对方的立场，站在对方的角度看问题。双向沟通，是指沟通双方就沟通问题不断交换位置，听取各自对于解决问题的看法，提高沟通的效率，促进和谐劳动关系。

第二，有效沟通的方法。

有效的沟通方法主要有：一是用心倾听，调解人员应当善于倾听，通过倾听了解争议双方真实的想法和想要达到的目的。二是耐心询问和分析，在倾听的同时，调解人员应该主动引导争议各方主动发言，并引导其向调解目标逐渐靠近。三是充分利用语言表达的技巧，沟通时应尽量使用大众化的语言，使听者可以迅速清晰地理解对方的意愿。

第三，有效沟通的技巧。

从沟通组成看，一般包括三个方面：沟通的内容，即文字；沟通的语调和语速，即声音；沟通中的行为姿态，即肢体语言。这三者的比例为文字占7%，声音占48%，行为姿态占55%。同样的文字，在不同的声音和行为下，表现出的效果截然不同。所以有效的沟通应该是更好地融合好这三者之间的关系。

从心理学角度，沟通包括意识和潜意识层面，而且意识只占1%，潜意识占99%。有效的沟通必然是在潜意识层面的，有感情的，真诚的沟通。

沟通中的“身份确认”，针对不同的沟通对象，如上司、同事、下属、朋友、亲人等，即使是相同的沟通内容，也要采取不同的声音和行为姿态。

沟通中的肯定，即肯定对方的内容，不仅仅说一些敷衍的话。这可以通过重复对方沟通中的关键词，甚至能把对方的关键词语经过自己语言的修饰后，回馈给对方。这会让对方觉得他的沟通得到了认可与肯定。

沟通中的聆听，聆听不是简单的听就可以了，需要把对方沟通的内容、意思把握全面，这才能使自己在回馈给对方的内容上，与对方的真实想法一致。例如，有很多人属于视觉型的人，在沟通中有时会不等对方把话说完，就急于表达自己的想法，结果有可能无法达到深层次的共情。

131. 怎样申请劳动争议仲裁?

第一，仲裁时效。

《劳动争议调解仲裁法》第二十七条对申请仲裁的时效做了明确规定：劳动争议申请仲裁的时效期限是一年。仲裁时效期间从当事人知道或者应当知道其权利被侵害之日起计算。前款规定的仲裁时效，因当事人一方向对方当事人主张权利，或者向有关部门请求权利救济，或者对方当事人同意履行义务而中断。从中断时起，仲裁时效期间重新计算。

因不可抗力或者有其他正当理由，当事人不能在本条第一款规定的仲裁时效期间申请仲裁的，仲裁时效中止。从中止时效的原因消除之日起，仲裁时效期间继续计算。劳动关系存续期间因拖欠劳动报酬发生争议的，劳动者申请仲裁不受本条第一款规定的仲裁时效期间的限制。但是，劳动关系终止的，应当自劳动关系终止之日起一年内提出。因此，申请劳动争议仲裁的当事人可以根据自己的实际情况在规定时间内提起仲裁，千万不要因为错过了仲裁期限而耽误了劳动关系问题的解决。

第二，仲裁申请。

劳动争议仲裁委员会受理争议案件实行“不告不理”原则，即没有当事人进行申请，劳动争议委员会不会对劳动争议案件进行处理。申请人的书面仲裁申请材料齐备的，仲裁委员会应当出具收件回执。对于仲裁申请书不规范或者材料不齐备的，仲裁委员会应当当场或者在五日内一并告知申请人需要补正的全部材料，申请人按要求补正全部材料的，仲裁委员会应当出具收件回执。

第三，仲裁受理。

《劳动争议调解仲裁法》第二十九条规定：劳动争议仲裁委员会收到仲裁申请之日起五日内，认为符合受理条件的，应当受理，并通知申请人；认为不符合受理条件的，应当书面通知申请人不予受理，并说明理由。对劳动争议仲裁委员会不予受理或者逾期未做出决定的，申请人可以就该劳动争议事项向人民法院提起诉讼。

132. 怎样确定劳动争议仲裁的期限？

《劳动争议调解仲裁法》第四十三条规定：仲裁庭裁决劳动争议案件，应当自劳动争议仲裁委员会受理仲裁申请之日起四十五日内结束。案情复杂需要延期的，经劳动争议仲裁委员会主任审批，可以延期并书面通知当事人，但是延长期限不得超过十五日。逾期未作出仲裁裁决的，当事人可以就该劳动争议事项向人民法院提起诉讼。根据该规定，劳动争议仲裁处理的最长期限为六十天，这有利于案件的快速解决，及时保障当事人的合法权益，体现了劳动争议仲裁快捷性的特点。

需要指出的是，由于在案件的审理过程中可能会出现一些特殊情况致使仲裁庭无法继续审理，中止仲裁审理的时间是不计算在上述期限之内的，在中止审理的情形消失之后，劳动争议仲裁审理期间继续计算。《劳动人事争议仲裁办案规则》第四十五条规定，有下列情形的，仲裁期限按照下列规定计算：

申请人需要补正材料的，仲裁委员会受到仲裁申请的时间从材料补正之日起计算；增加、变更仲裁申请的，仲裁期限从受理增加、变更仲裁申请之日起重新计算；仲裁申请和反申请合并处理的，仲裁期限从受理反申请之日起重新计算；案件移送管辖的，仲裁期限从接受移送之日起计算；中止审理期间不计入仲裁期限内。《劳动争议调解仲裁法》第三十条规定：劳动争议仲裁委员会在受理仲裁申请后，应当在五日内将仲裁申请书送达被申请人。被申请人收到仲裁申请书副本后，应当在十日内向劳动争议仲裁委员会提交答辩书。劳动争议仲裁委员会收到答辩书后，应当在五日内将答辩书副本送达申请人。被申请人未提交答辩书的，不影响仲裁程序的进行。

133. 怎样对劳动争议案件进行调查取证？

在劳动争议案件中，争议的双方当事人之间，一方面在法律上享有平等的地位，另一方面隶属关系的存在造成了双方实际地位的不平等。因此，我国法律对劳动争议案件中的举证责任进行了特殊的规定。《劳动争议调解仲裁法》第六条规定："发生劳动争议，当事人对自己提出的主张有责任提供证据。与争议事项有关的证据属于用人单位掌握的，用人单位应当提供。"具体而言，"属于用人单位掌握管理"的材料包括：用人单位制定的规章制度、职工的档案材料、考勤记录、工资发放记录、缴纳社会保险费记录、福利待遇发放记录、劳动安全设施材料等。然而，在实践中，一些用人单位虽然掌握了与劳动争议事项有关的证据，但出于减免自身法律责任的动机，不愿意提供相关材料，导致劳动者无法维护自身的合法权益。针对这种情况，《劳动争议调解仲裁法》进一步规定用人单位不提供与争议事项有关证据的，应当承担不利后果。即在劳动争议仲裁的过程中，用人单位应当提供而不提供证据的，劳动争议处理机构将作出对劳动者有利的处理，用人单位将承担不利后果。

134. 怎样审理劳动争议仲裁案件?

劳动争议仲裁委员会裁决劳动争议案件实行仲裁庭制。仲裁庭由三名仲裁员组成，设首席仲裁员。简单劳动争议案件可以由一名仲裁员独任仲裁。仲裁庭应当在开庭五日前，将开庭日期、地点书面通知双方当事人。当事人有正当理由的，可以在开庭三日前请求延期开庭。是否延期，由仲裁委员会根据实际情况决定。

仲裁员有下列情形之一，应当回避，当事人也有权以口头或者书面方式提出回避申请：是本案当事人或者当事人、代理人的近亲属的；与本案有利害关系的；与本案当事人、代理人有其他关系，可能影响公正裁决的；私自会见当事人、代理人，或者接受当事人、代理人的请客送礼的。

一次完整的劳动争议仲裁审理主要包括以下六个程序：开始阶段、庭审调查阶段、辩论阶段、调解阶段、休庭合议阶段以及裁决阶段。调解是解决劳动争议的重要原则，《劳动争议仲裁调解法》第四十二条规定：仲裁庭在作出裁决前，应当先行调解。调解达成协议的，仲裁庭应当制作调解书。先行调解是仲裁程序中的必经程序。在调解阶段，劳动争议调解有自行和解与仲裁调解两种形式。自行和解：当事人申请劳动争议仲裁后，可以自行和解，达成和解协议的，可以撤回仲裁申请，当事人自行和解是当事人对自己实体劳动权利的处分，但和解内容必须符合法律法规的规定。仲裁调解：仲裁调解是指在仲裁庭的主持下，仲裁当事人在自愿协商、互谅互让基础上达成协议，从而解决纠纷的一种制度。《仲裁法》第五十一条规定：仲裁庭在作出裁决前，可以先行调解。当事人自愿调解的，仲裁庭应当调解。调解不成的，应当及时作出裁决。调解达成协议的，仲裁庭应当制作调解书或者根据协议的结果制作裁决书。调解书与裁决书具有同等法律效力。

仲裁裁决是劳动争议仲裁委员会处理劳动争议的最终解决方式。裁决应按照多数仲裁员的意见作出，少数仲裁员的不同意见应当记入笔录。仲裁庭不能形成多数意见时，裁决应按照首席仲裁员的意见作出。当事人对仲裁裁决不服的，自收到仲裁裁决之日起十五日内可以向人民法院起诉，期满不起诉的，仲裁裁决书即发生法律效力。如一方当事人不执行的，另一方当事人可申请人民法院强制执行。

135. 怎样起草劳动仲裁相关文书？

认定事实的客观性，是仲裁文书的重要特征。劳动争议仲裁文书反映的事实必须客观真实，准确无误，包括人名、地名、时间、情节、后果等，不能虚构或捏造。此外，劳动争议仲裁文书有着特定的行文格式。仲裁机构应根据法律规定和案情需要，严格遵照一定的格式，把规定的内容和项目简要、有条理地写出来，保证仲裁文书的完整性、正确性和有效性。劳动争议仲裁中运用的文书主要有以下三种：

第一，劳动争议仲裁申请书。

劳动争议仲裁申请书是当事人向劳动争议仲裁委员会申请仲裁时提交的法律文书，包括首部、正文、尾部三部分。

首部应写明以下内容：标题，包括劳动争议仲裁申请书；争议当事人，包括申请人与被申请人；个人应写明姓名、性别、年龄、民族或国籍、用工性质、工作单位、住址、通信地址等；单位应写明名称、单位性质、地址、法定代表人姓名、职务；有委托代理人的，应写明代理人的姓名、工作单位等情况。

正文应包括以下内容：一是仲裁请求事项，指申请要达到的目的和要求，请求事项要具体明确。二是事实和理由，应简要说明双方建立劳动关系的时间、方式以及劳动合同的主要内容；双方争议的形成过程和争议的焦点；主要证据；提出请求事项的主要法律依据。请求事项要简明扼要，引用法律条文要准确。申请书叙述的事实应实事求是，突出重点。

尾部应包括：申请书呈送的仲裁机构名称、申请人姓名或名称（签章）、申请时间，同时写明提交的副本份数（按被申请人人数提交）、物证、书证件数。

第二，答辩书。

答辩书是劳动争议仲裁案件的被申请人向仲裁机构提交的法律文书，是被申请人针对申请书的请求事项进行的反驳，并说明事实和理由。因此，答辩书的书写内容和申请书是一一对应的。需要指出的是，法律规定了被申请人的答辩期，提交答辩书是被申请人的权利而非义务。被申请人没有在规定时间内提交书面的答辩意见的，不影响劳动争议仲裁案件的审理。

第三，授权委托书。

授权委托书，是劳动争议的当事人委托他人参加劳动争议仲裁活动时，必须填写并向受理案件的劳动争议仲裁委员会提交的法律文书。委托代理制度是劳动争议仲裁中普遍运用的制度。实际生活中，劳动争议的用人单位一方由于某些原因难以或不便亲自参加仲裁活动，或者因缺乏劳动法律知识或仲裁经验而需要在仲裁中获得法律帮助的，可以委托律师或其他具有法定资格和条件的人参加仲裁活动。

劳动争议中的职工方在委托代理人时，必须如实详尽地填写委托事项和权限。委托代理的事项和权限一般由职工方自行决定，委托代理人只能在职工方的授权范围内从事代理活动，仲裁活动的后果则由职工方承担，委托代理人不得超越授权委托书中约定的授权范围从事仲裁活动，超越授权范围从事代理活动的，委托代理人应当向职工方承担法律责任。

136. 怎样提起劳动争议诉讼？

《劳动争议调解仲裁法》规定，当事人对劳动争议案件的仲裁结果不服的，可以自收到仲裁裁决之日起 15 日内向人民法院提起诉讼。人民法院对于当事人的起诉经过审查后，认为符合法定条件的，应当受理，并在当事人起诉的七日内立案；认为不符合起诉条件的，也应当在七日内裁定不予受理。劳动争议当事人不服人民法院做出的不予受理或驳回起诉的裁定的，可以自收到裁决书之日起十日内向有管辖权的上一级人民法院提起上诉。此阶段涉及劳动争议案件的管辖、确定双方当事人等问题。

劳动争议诉讼的管辖，是指各级法院和同级法院之间，受理第一审劳动争议案件的分工和权限。一般分为级别管辖、地域管辖、移送管辖和指定管辖。2001 年施行的《最高人民法院关于审理劳动争议案件适用法律若干问题的解释（一）》进一步明确了我国劳动争议诉讼的管辖问题：采取地域管辖和级别管辖。地域管辖，是指确定同级法院之间在各自辖区受理第一审劳动争议案件的分工和权限。级别管辖，是指划分上下级法院之间受理第一审劳动争议案件的分工和权限。劳动争议案件由用人单位所在地或者劳动合同履行地的基层人民法院管辖。劳动合同履行地不明确的，由用人单位所在地的基层人民法院管辖。也就是说，从地域管辖来看，用人单位所在地和劳动合同履行地的法院对劳动争议案件有管辖权，从级别管辖来看，劳动争议案件的一审由基层法院管辖。

137. 怎样确定劳动争议诉讼的当事人？

劳动争议双方当事人是企业的资方与劳动者，或者事业单位一方和其聘用的员工。由于劳动争议诉讼的当事人是具有劳动关系的双方，一般指企业的法人和劳动者，或事业单位法人与其工作人员。

争议诉讼当事人与仲裁当事人一致，由于仲裁前置程序的存在，经过劳动仲裁的争议案件的当事人对仲裁裁决不服才能向人民法院提起诉讼，所以人民法院应将仲裁程序的申诉人、被诉人、第三人分别称为诉讼程序的原告、被告、第三人。由此可见，劳动争议诉讼当事人与仲裁程序的当事人具有一致性。劳动争议诉讼中，当事人追加受到限制，这有别于普通民事诉讼中的当事人可以申请追加当事人的情形。但出现某些特殊的情形时可以追加当事人，例如：首先，企业一方在仲裁之后分立，那么可以追加分立的企业成为当事人。其次，劳务派遣用工形式中，法律规定被派遣劳动者权益受到侵害的，派遣单位承担连带责任，那么被派遣劳动者与用工单位产生劳动争议，可以追加派遣单位为当事人。再次，企业是承包或者租赁经营的，承包合同或租赁合同一方成为劳动争议诉讼当事人，可以追加合同的另一方成为当事人。最后，当事人可以根据相关侵权法律法规的规定追加侵权主体与劳动法主体负连带责任。

工会可以成为争议诉讼当事人。《中华人民共和国劳动争议调解仲裁法》第七条规定，发生劳动争议的劳动者一方在十人以上，并有共同请求的，可以推举代表参加调解、仲裁或者诉讼活动。为强化工会在集体争议处理中的地位，《工会法》第二十条规定，因履行集体合同发生争议，经协商解决不成的，工会可以向劳动争议仲裁机构提请仲裁，仲裁机构不予受理或对仲裁不服的，可以向人民法院提起诉讼。因此，工会可以成为劳动争议诉讼的当事人。

138. 怎样起草劳动诉讼相关文书？

在劳动争议诉讼程序中涉及多种诉讼文书，其中最主要的是起诉状和反诉状。以下对这两种诉讼文书进行介绍。

第一，起诉状。

劳动争议起诉状，是劳动争议诉讼的当事人不服人民法院的第一审判决、裁定，在法定期限内向上一级人民法院提出上诉，请求撤销或者变更第一审判决、裁定的文书。写作起诉状时应注意以下事项：一是起诉状必须是当事人及其法定代理人提起，别人无权提起。二是起诉状必须是对地方各级人民法院的第一审判决裁决不服所提起的。

三是起诉状必须依照法定程序和期限，向原审人民法院或第二审人民法院提交。

起诉状的内容应包括四个部分：一是首部。包括标题和当事人一栏及案由。二是上诉请求。应十分简要地综合叙述一下案情全貌，使看诉状的人了解本案基本情况，接着全文写明原审裁判结论的内容。三是上诉理由。在论证理由上，主要针对原审裁判进行论述。四是尾部及附项。尾部包括致送机关和上诉人的名称及盖章，并注明年月日；附项包括上诉状副本份数，证物名称及件数，书证名称及件数等。

第二，反诉状。

反诉状，是指在劳动争议案件一审程序进行中，被告为了保护自己的合法权益，以原告作为被告，向人民法院提出和本劳动争议案件有关联的，新的独立诉讼请求的诉状。

写作反诉状时应该注意的事项：一是反诉的基本属性是诉，必有实体法方面的内容，反诉成立则可以抵消、吞并本诉请求，但并不一定影响本诉成立。二是反诉的被告必须是本诉的原告，而反诉的原告必须是本诉的被告，反诉、本诉的双方当事人是相同的，只是双方的诉讼地位正好相反。三是反诉应当在本诉起诉以后，法院辩论终结以前向受理本诉的人民法院提起。四是反诉与本诉在诉讼标的或理由上相互牵连。

反诉状的内容一般包括四个部分：一是首部。包括标题、当事人栏、案由部分。当事人栏首先列写反诉自诉人，其次列写反诉被告人。二是反诉的请求。这一部分只要简明扼要地说明反诉的请求内容即可。三是事实和理由。案情关键事实要详细地交代清楚，对案情中的次要部分但又必须交代清楚的，可以简要加以叙述。写在反诉状前面的反诉请求只需要简明扼要地说明，而在最后一段，则应将请求目的表述明确、具体和详细。第四，尾部和附项。尾部包括致送机关和反诉人的名称及盖章，并注明年月日；附项包括起诉状副本份数，证物名称及件数，书证名称及件数等。

139. 怎样管理劳动争议案卷？

《劳动争议仲裁办案规则》第二十四条明确规定，案件处理终结后，仲裁委员会应当将处理过程中形成的全部材料立卷归档。

第一，档案材料的收集。

凡是与案件有关的当事人、案件参与人以及劳动争议处理组织发送给当事人及其他人员的文书材料，包括仲裁申请书、受理（不予受理）通知书、答辩书、法定代表人身份证明、授权委托书、调查证据、勘验笔录、开庭通知、庭审笔录、延期通知书、仲裁建议书、调解书、裁决书、送达回执等以及案件评议记录、立案审批表、调查提纲、阅卷笔录、会议笔录、底稿、结案审批表等均须收集齐全完整。

第二，档案材料的整理。

一是整理案件处理文书。二是排序定位。三是剪裁折叠，通过剪裁折叠，使全卷文书材料大小整齐。四是去粗取精，对那些与本案无关和重复的文书材料全部剔除，只保留与本案有关的文书材料。

第三，立卷归档。

在案件材料收集整理齐全完整的基础上，档案管理人员要进行立卷归档工作，把相关文书材料按照一定规则组合装订成仲裁案卷，案卷包括分立正卷和副卷、填写卷宗封面、卷内目录、备考表等。

140. 劳动争议处理有哪些统计指标？分别代表什么含义？

在劳动争议处理过程中，为了明晰劳资双方的利益关系，可能会用到一些相关的统计指标。常见的劳动争议处理统计指标有：

第一，劳动就业人数。

劳动就业人数是指劳动争议案件中涉及的劳动就业人数、劳动争议发生人数量等，是协调劳动争议的基本指标。对劳动就业人数指标的统计和分析不仅要明确其所从事的行业、企业、岗位信息，还要对其基本的劳动就业信息进行统计，将包括教育经历、工作经历、是否是下岗再就业职工、是否是农民工等信息进行详细的记录和统计。

第二，社会保险。

社会保险指标是指劳动争议案件中涉及的社会保险争议的种类、发生的金额等。由于一个单位的社会保险的好坏可以看出该单位的职工福利情况，而劳动争议协调往往会涉及社会保险提高的问题，因此社会保险指标是劳动争议处理的重要指标。

第三，工资分配。

工资分配问题是劳动争议中职工最关心的切身利益，也是劳动争议中劳资双方的焦点所在，因此是劳动争议处理的重点问题。工资分配问题包括劳动争议案件中涉及的引发劳动争议的相关工资、福利待遇、加班费用等。

第四，劳动关系和劳动者权益维护。

劳动关系和劳动者权益维护的统计指标是指在劳动争议案件中，引发争议的劳动关系不和谐因素，以及引起劳动者争议的工作时间、工作环境、工作条件、劳动权益保护等方面的内容。

第五，人力资源和社会保障法制建设。

人力资源和社会保障法制建设的指标内容主要是指在用人单位的劳动用工实践中，引发劳动争议的各类劳动法律法规的执行情况和违法事件的发生情况。在进行该项指标的统计与分析时，不仅要对常见的违反《劳动法》、《劳动合同法》、《劳动争议调解仲裁法》等法律法规规定的情况进行专门的统计分析，还要对违反特殊的专门性法律法规如《未成年人保护法》、《妇女权益保护法》、《企业民主管理规定》等，以及其他的涉及违反劳动关系方面的法律法规的情况进行详细具体的分析和统计。

案例：员工申诉记录表

员工申诉记录表

申诉人工号		姓　名	
所在部门		岗　位	
申诉人入职日期		申诉事件发生日期	

申诉事实经过及理由（可附页）：

申诉日期：

申诉人直属主管处理经过及结论：

受理人：

受理日期：

申诉人部门经理处理经过及结论：

受理人：

受理日期：

人事行政部专员处理经过及结论：

受理人：

受理日期：

人事行政部经理处理经过及结论：

受理人：

受理日期：

申诉处理委员会最终结论：

受理人：

受理日期：

申诉人确认：

日　　期：

附录 劳动关系协调员国家职业标准（试行）

劳动关系协调员国家职业标准（试行）

1.1 **职业名称**

劳动关系协调员

1.2 **职业定义**

从事宣传和监督劳动保障法律实施、管理劳动合同、参与集体协商、促进劳资沟通、预防与处理劳动争议等协调劳动关系的专业工作人员。

1.3 **职业等级**

本职业共设三个等级，分别为劳动关系协调员（国家职业资格三级）、劳动关系协调师（国家职业资格二级）、高级劳动关系协调师（国家职业资格一级）。

1.4 **职业环境**

室内、外，常温。

1.5 **职业能力特征**

具有较强的表达和说服能力、沟通能力、调查和分析判断能力、协调能力、化解冲突和应急处理能力。

1.6 **基本文化程度**

高中毕业

1.7 **培训要求**

1.7.1 培训期限

全日制职业学校教育，根据其培养目标和教学计划确定。

晋级培训期限：劳动关系协调员不少于 120 标准学时；劳动关系协调师不少于 100 标准学时；高级劳动关系协调师不少于 80 标准学时。

1.7.2 培训教师

培训教师应当具备劳动关系的专业知识、相关的专业工作经验和教学经验，具有良好的知识传授能力。培训劳动关系协调员的教师应具有劳动关系协调师职业资格或相关专业中级及以上专业技术职务任职资格；培训劳动关系协调师的教师应具有高级劳动关系协调师资格或相关专业高级专业技术职务任职资格；培训高级劳动关系协调师的教师应具有高级劳动关系协调师职业资格或相关专业高级专业技术职务任职资格 3 年以上。

1.7.3 培训场地设备

培训机构应有可容纳 20 名以上学员的标准教室。情景教学的场所应容纳 15 – 20 人。培训场所应有必要的教学设备、设施，室内卫生、光线、通风条件良好。

1.8 鉴定要求

1.8.1 适用对象

从事或准备从事本职业的人员。

1.8.2 申报条件

相关专业指：劳动与社会保障、人力资源管理、劳动经济、社会工作、法学等。

劳动关系协调员（具有以下条件之一者）：

（1）连续从事本职业工作 6 年以上。

（2）具有本专业或相关专业大学专科及以上学历证书。

（3）具有其他专业大学专科及以上学历证书，经本职业三级正规培训达到规定标准学时数，并取得结业证书。

劳动关系协调师（具备以下条件之一者）：

（1）连续从事本职业工作 13 年以上。

（2）取得本职业三级职业资格证书后，连续从事本职业工作 5 年以上。

（3）取得本职业三级职业资格证书后，连续从事本职业工作 4 年以上，经本职业二级正规培训达到规定标准时数，并取得结业证书。

（4）取得本专业或相关大学本科学历证书后，连续从事本职业工作 5 年以上。

（5）具有本专业或相关专业大学本科学历证书，取得本职业三级职业资格证书后，连续从事本职业工作 4 年以上。

（6）具有本专业或相关专业大学本科学历证书，取得本职业三级职业资格证书后，连续从事本职业工作 3 年以上，经本职业二级正规培训达到规定标准学时数，并取得结业证书。

（7）取得硕士研究生及以上学历证书后，连续从事本职业工作 2 年以上。

高级劳动关系协调师（具备以下条件之一者）：

（1）连续从事本职业工作 19 年以上。

（2）取得本职业二级职业资格证书后，连续从事本职业工作 4 年以上。

（3）取得本职业二级职业资格证书后，连续从事本职业工作 3 年以上，经本职业一级正规培训达到规定标准时数，并取得结业证书。

（4）取得大学本科学历证书后，连续从事本职业或相关职业工作 13 年以上。

（5）具有硕士、博士研究生学历证书，连续从事本职业或相关工作 10 年以上。

（6）具有本专业或相关专业硕士研究生学历证书，连续从事本职业或相关职业工作 7 年以上。

（7）具有本专业或相关专业博士研究生学历证书，连续从事本职业或相关职业工作 5 年以上。

1.8.3 鉴定方式

分为理论知识考试和专业技能考核，均采用闭卷笔试方式，实行百分制，60 分及以上为合格。理论知识考试、专业技能考核的合格成绩两年之内有效。

劳动关系协调师和高级劳动关系协调师考核还需要进行综合评审。综合评审采用案例分析、论文答辩、业绩考核等形式。

1.8.4 考评人员与考生配比

理论知识考试和专业技能考核考评员与考生的配比为1∶20，每个标准教室不少于两个考评员。

综合评审由评审委员会进行，评审委员不少于3人。

1.8.5 鉴定时间

理论知识考试和专业技能考核不少于90分钟，综合评审时间不少于30分钟。

1.8.6 鉴定场所设备

标准教室或具备相应条件的会议室，室内配备必要的计算机设备、照明设备、投影仪或多媒体等，室内卫生、光线、通风条件良好。

2. 基本要求

2.1 职业道德基本知识

2.1.1 职业守则

（1）遵章守法，严谨求实。

（2）以人为本，客观公正。

（3）积极主动，热情服务。

（4）和谐至上，合作共赢。

2.2 基础知识

2.2.1 劳动保障法律与政策

（1）劳动保障法律与政策概论

（2）劳动保障法律关系

（3）劳动保障的基本制度

2.2.2 劳动关系

（1）劳动关系基础理论

（2）劳动合同制度

（3）集体协商和集体合同制度

（4）职工参与制度

（5）劳动规章制度

（6）劳资冲突及其处理

2.2.3 人力资源管理

（1）人力资源管理基本理论

（2）工作分析

（3）员工招聘

（4）绩效考核

（5）薪酬管理

2.2.4 劳动经济学

（1）劳动经济学基础知识

（2）劳动力供给与需求

（3）工资决定与工资结构

（4）劳动力市场制度

2.2.5 其他基础知识

（1）社会学常识

（2）社会调查统计分析方法

（3）心理学常识

（4）人际沟通的方法与技巧

（5）劳动保障行政部门机构设置与职能

（6）劳动争议仲裁、诉讼机构职能和办案程序

3. 工作要求

本标准对劳动关系协调员、劳动关系协调师、高级劳动关系协调师

的能力要求依次递进，高级别涵盖低级别的内容。

3.1 **劳动关系协调员**

职业功能	工作内容	能力要求	相关知识
一、劳动标准实施管理	（一）劳动标准信息收集	1. 能够收集整理用人单位实施劳动标准的情况和问题 2. 能够收集整理并汇编国家、行业、地方劳动标准	1. 劳动标准概念和分类 2. 法律、法规、规章、其他规范性文件的概念及其他关系 3. 法律效力
	（二）劳动标准应用	1. 能够宣讲劳动标准的内容并提供咨询 2. 能够检查用人单位劳动标准实施情况	1. 劳动保障监察制度 2. 劳动保障监察程序、范围和方式
二、劳动合同管理	（一）劳动合同订立	1. 能够进行劳动合同订立前的与劳动关系相关的员工背景调查 2. 能够依法及时办理订立劳动合同的手续 3. 能够建立、分类管理劳动合同档案和相关信息	1. 与劳动关系相关的员工背景调查的原则和内容 2. 岗位描述的原则和内容 3. 劳动合同订立程序 4. 劳动合同档案管理方法
	（二）劳动合同履行与变更	1. 能够定期收集整理劳动合同履行有关情况 2. 能够根据劳动法律法规和企业实际进行试用期、医疗期和女工“三期”等管理，及时办理相关手续 3. 能够定期整理用人单位职业病、工伤等相关信息，并办理相关手续 4. 能够依法办理劳动合同变更手续	1. 劳动合同变更的原则 2. 工伤和职业病等相关政策规定 3. 试用期、医疗期和女工“三期”等相关政策规定

续表

职业功能	工作内容	能力要求	相关知识
二、劳动合同管理	（三）劳动合同解除与终止	1. 能够依法及时办理解除或终止劳动合同相关手续 2. 能够依法合理计算并及时足额支付劳动者经济补偿金和赔偿金等相关费用 3. 能够收集试用期满、服务期满、医疗期满、停工留薪期等信息 4. 能够收集整理员工离职信息数据	1. 劳动合同解除和终止的法律依据和程序规定 2. 劳动者的经济补偿金、患病或非因工负伤职工医疗补助金、工伤职工一次性伤残就业补助金和医疗补助金等相关费用的规定和计算方法 3. 解除或终止劳动合同后工作交接、档案和社会保险关系转移的有关规定
三、集体协商与集体合同管理	（一）集体协商筹备	1. 能够征集、整理有关集体协商议题的意见和建议 2. 能够收集集体协商议题的相关资料	1. 集体协商和集体合同的作用、基本内容和基本程序 2. 集体合同和劳动合同的区别
	（二）集体协商与集体合同订立	1. 能够安排集体协议会议 2. 能够在协商活动中准确阐述所代表方的立场和利益要求，协调本方人员的立场，力争实现协商目标	1. 会务管理概念和基本内容 2. 集体协商代表的职权和职责
	（三）集体合同履行	1. 能够向职工解释集体合同的内容 2. 能够收集整理集体合同履行情况	1. 集体合同履行的原则 2. 集体合同履行情况分析指标含义

续表

职业功能	工作内容	能力要求	相关知识
四、劳动规章制度建设	（一）劳动规章制度制定	1. 能够收集整理用人单位和同行业有关劳动规章制度的资料 2. 能够收集整理劳动规章制度涉及的基本信息 3. 能够组织安排劳动规章制度讨论会，并整理讨论意见	1. 劳动规章制度的概念界定 2. 劳动规章制度制定程序
	（二）劳动规章制度解释和实施情况收集	1. 能够合理解释劳动规章制度 2. 能够收集整理劳动规章制度实施的相关情况	1. 劳动规章制度实施的原则 2. 劳动规章制度实施情况分析
五、劳资沟通与民主管理	（一）信息沟通管理	1. 能够按照信息沟通制度要求，编写需要公开的信息 2. 能够选择适当的信息公开载体 3. 能够组织职工与管理层的常规见面会 4. 能够运用问卷、访谈等方法，收集整理信息公开后的职工反馈意见	1. 企业经营管理主要统计指标的概念和意义 2. 用人单位信息公开方式 3. 问卷设计原则和方法 4. 访谈提纲设计原则
	（二）劳资协商	1. 能够收集整理有关劳资协商议题的意见和建议 2. 能够收集劳资协商议题涉及的相关资料 3. 能够安排劳资协商活动	1. 劳资协商的概论和目标 2. 劳资协商的法律政策 3. 工会制度
	（三）职工代表大会（职工大会）的组织召开	1. 能够收集整理有关职工代表大会议题的意见和建议 2. 能够收集职工代表大会议题涉及的相关资料 3. 能够安排职工代表大会会议 4. 能够监督职工代表大会决议的落实	1. 职工代表大会的法律地位、法定职能、组织机构、审议程序和事项 2. 职工代表大会代表的选举、职权和监督

续表

职业功能	工作内容	能力要求	相关知识
六、员工申诉与劳动争议处理	（一）员工申诉处理	1. 能够受理员工申诉并调查核实有关情况，提出处理建议 2. 能够定期汇总和分析员工申诉情况	1. 员工申诉的概念和特征 2. 员工申诉途径和程序
	（二）劳动争议协商	1. 能够提出双方的争议焦点，并提供法律咨询 2. 能够协助双方就争议的问题达成一致，形成和解方案	1. 劳动争议协商概念 2. 劳动争议协商特征和程序
	（三）劳动争议调解	1. 能够受理调解申请，并依法完成调解前的准备工作 2. 能够依法调解处理个别劳动争议	1. 劳动争议调解的依据和方法 2. 有效沟通的原则和方法
	（四）劳动争议仲裁、诉讼案件事务办理	1. 能够收集准备与劳动争议仲裁、诉讼案件相关的资料 2. 能够收集分析类似劳动争议仲裁、诉讼的案例 3. 能够办理劳动争议仲裁、诉讼的相关事务	1. 仲裁、司法文书写作 2. 劳动仲裁和诉讼的基本程序
	（五）劳动争议案卷管理和案件信息统计分析	1. 能够收集整理用人单位发生的劳动争议案卷 2. 能够定期汇总和分析协商、调解、仲裁以及诉讼处理的劳动争议案件信息	1. 劳动争议案卷管理方法 2. 劳动争议处理主要指标含义

3.2 劳动关系协调师

职业功能	工作内容	能力要求	相关知识
一、劳动标准实施管理	（一）用人单位劳动标准制定	1. 能够起草用人单位劳动标准 2. 能够收集、归纳并比较分析相关单位实施劳动标准的经验	劳动标准的编写规范
	（二）劳动标准实施情况评估	1. 能够对用人单位劳动标准的实施情况进行评估 2. 能够收集、汇总实施过程中的问题并提出解决建议	劳动标准实施情况和效果的分析方法
二、劳动合同管理	（一）劳动合同订立	1. 能够起草劳动合同文本和劳务派遣协议、专项培训服务协议、竞业限制协议等专项协议文本 2. 能够对劳动合同订立协商提供咨询和建议 3. 能够起草关键岗位劳动合同和专项协议	1. 订立无固定期限劳动合同的法定情形 2. 劳务派遣用工的有关规定 3. 非全日制用工的有关规定 4. 试用期的有关规定 5. 专项培训服务协议的有关规定 6. 保密协议和竞业限制协议的有关规定
	（二）劳动合同履行与变更	1. 能够协调解决劳动合同履行过程中的问题 2. 能够发现导致劳动合同变更的潜在因素，并提出解决预案 3. 能够对劳动合同变更协商提供咨询和建议	1. 劳动合同履行和变更的政策规定 2. 企业战略规划的基本内容 3. 企业组织结构设计的基本要求
	（三）劳动合同解除与终止	1. 能够进行离职面谈并分析原因，提出用工改进建议 2. 能够对劳动合同的解除或终止进行合法性审查，提出审查意见，防止或避免违法解除或终止劳动合同	1. 离职面谈和原因分析方法 2. 劳动合同解除的法定情形

续表

职业功能	工作内容	能力要求	相关知识
二、劳动合同管理	（三）劳动合同解除与终止	3. 能够为解除或终止劳动合同提供咨询、指导，协调解决劳动合同解除或终止中的问题 4. 能够起草经济性裁员方案 5. 能够监督劳动合同解除或终止后的竞业限制、保密、培训等协议的后续履行状况	3. 劳动合同终止的法定情形 4. 经济性裁员有关规定 5. 禁止解除和终止劳动合同的法定情形
三、集体协商与集体合同管理	（一）集体协商筹备	1. 能够起草集体协商工作总体方案 2. 能够拟订集体协商的议题	1. 集体协商和集体合同相关法规政策 2. 涉及集体协商的主要社会经济统计指标含义和数据来源
	（二）集体协商与集体合同订立	1. 能够分析拟订集体协商的谈判思路和策略 2. 能够协调解决用人单位一级集体协商中的重大争议 3. 能够起草用人单位集体合同草案 4. 能够起草向职工代表大会（职工大会）或劳动行政部门汇报关于集体协商过程和集体合同内容的报告 5. 能够在职工代表大会（职工大会）上接受职工代表（职工）的质询	1. 人际沟通基本理论 2. 谈判的基本原理 3. 集体合同起草的原则和方法
	（三）集体合同履行	1. 能够起草、组织落实用人单位一级集体合同履行监督检查制度、监督检查方案以及整改方案 2. 能够协调解决用人单位一级集体合同履行中的争议并能够依法参与集体合同争议的仲裁和诉讼的顺利解决	集体合同履行情况的监督检查方法

续表

职业功能	工作内容	能力要求	相关知识
四、劳动规章制度建设	（一）劳动规章制度制定	1. 能够分析确定需要通过劳动规章制度解决的问题，并拟订劳动规章制度草案 2. 能够主持劳动规章制度的讨论和平等协商，根据讨论和协商意见修改草案	1. 劳动规章制度和过去保障法律法规、集体合同、劳动合同的关系 2. 劳动规章制度的编写规范
	（二）劳动规章制度实施指导	1. 能够指导管理人员正确使用劳动规章制度 2. 能够协调处理劳动规章制度实施中的一般问题 3. 能够审核用人单位有关机构提出的违章行为处理意见 4. 能够组织开展劳动规章制度实施情况的监督检查，分析劳动规章制度实施中存在的问题，并提出修改意见和建议	1. 劳动规章制度监督检查的方法 2. 违章处理的原则和程序 3. 劳动规章制度的告知和公示
五、劳资沟通与民主管理	（一）信息沟通管理	1. 能够根据信息沟通需要，设计应公开信息指标体系 2. 能够组织和主持重大事项的信息沟通会议 3. 能够利用问卷、访谈结果，撰写信息公开、信息沟通分析报告	1. 组织会议的基本程序 2. 商业秘密法律知识 3. 厂务公开的法律和政策规定
	（二）劳资协商	1. 能够拟订劳资协商议题 2. 能够根据会议需要设计议程 3. 能够主持协商会议 4. 能够根据会议讨论结果，拟订会议决议或会议纪要 5. 能够检查和评估协商决定事项的实施情况	1. 协商会议议程设计，会议主持原则和方法 2. 劳资协商和集体协商的区别

续表

职业功能	工作内容	能力要求	相关知识
五、劳资沟通与民主管理	（三）职工代表大会（职工大会）的组织召开和职工董事监事事务管理	1. 能够组织职工代表的推选工作 2. 能够拟订职工代表大会议题并能够征集提案 3. 能够组织、主持职工代表大会会议 4. 能够根据职工代表大会会议讨论结果，拟订会议决议或会议纪要 5. 能够组织推选职工董事监事	1. 民主管理基本理论 2. 职工董事监事制度
六、员工申诉与劳动争议处理	（一）员工申诉处理	1. 能够协调解决员工申诉 2. 能够根据员工申诉的汇总分析结果，提出完善规章制度的建议	1. 用人单位内部协调机构设置及职能 2. 申诉程序设计原则
	（二）集体劳动争议的协商处理	能够组织集体争议双方依法协商解决争议	集体争议的概念和分类
	（三）集体劳动争议的调解处理	能够依法调解处理用人单位集体争议	集体争议处理的程序和原则
	（四）劳动争议仲裁和诉讼案件代理	1. 能够为当事人提供劳动争议仲裁、诉讼的咨询、指导和帮助 2. 能够接受委托，代理劳动争议仲裁案件 3. 能够接受委托，代理劳动争议诉讼案件	1. 法律文书写作 2. 劳动争议仲裁程序 3. 劳动争议诉讼程序

3.3 高级劳动关系协调师

职业功能	工作内容	能力要求	相关知识
一、劳动标准实施管理	(一) 劳动标准实施中疑难问题的解决	1. 能够对劳动标准实施中的疑难问题进行分析并提出解决方案 2. 能够分析国家、行业、地方劳动标准及其调整对用人单位的影响	1. 影响劳动标准实施的因素 2. 主要的和中国批准的国际劳工标准内容
	(二) 用人单位劳动标准完善	1. 能够根据企业发展战略调整对劳动标准实施的影响，提出防范发生重大问题的方案 2. 能够根据国家、地方、行业劳动标准的调整提出用人单位劳动标准的修改方案	用人单位劳动标准制定、分析方法
二、劳动合同管理	(一) 劳动合同订立	1. 能够规范用人单位签订劳动合同的流程，避免用工风险，保证合法用工 2. 能够依法合理选择用工方式和劳动合同期限 3. 能够根据法律法规的变化，审查修订劳动合同、专项协议和劳动派遣协议，并保障合同协议文本合法有效	1. 不同用工方式和劳动合同期限形式的特点及效果 2. 关键岗位的界定方法 3. 用工的风险点和控制方法
	(二) 劳动合同履行与变更	1. 能够评估关键岗位劳动合同履行中的潜在风险，提出解决预案 2. 能够指导在企业转产、重人技术革新或经营方式调整等情况下的劳动合同变更工作	1. 商业秘密和竞业限制的政策法规及实施策略 2. 反不正当竞争的政策法规及实施策略 3. 心理契约的内容和分析方法 4. 企业文化内涵

续表

职业功能	工作内容	能力要求	相关知识
二、劳动合同管理	（三）劳动合同解除与终止	1. 能够提出应对企业战略转变和经营困难的用工调整方案 2. 能够审核经济性裁员方案，并与相关方面进行沟通和协商 3. 能够协调解决违法或违约解除劳动合同中的问题 4. 能够分析单位内外违法解除终止劳动合同的典型劳动争议案例，指导单位及时修订、完善有关规章制度，有效预防劳动争议 5. 能够对管理人员进行劳动合同解除与终止的法律及实务培训、指导	1. 典型案例的分析方法 2. 人员素质评估、绩效评估、人岗匹配评估方法
三、集体协商与集体合同管理	（一）集体协商筹备	1. 能够在用人单位建立集体协商机制 2. 能够组织拟订区域性、行业性集体协商方案 3. 能够主持行业性、区域性集体协商代表和首席代表的推选确定工作	1. 集体协商机制理论 2. 三方机制理论 3. 行业性、区域性集体协商的基本理论
	（二）集体协商与集体合同订立	1. 能够分析拟订任何一方集体协商的谈判思路和策略 2. 能够在区域性、行业性集体协商中协调本方立场和意见，并与对方首席代表协调解决有关分歧 3. 能够协调解决区域性、行业性集体协商中的重大争议，并在劳动保障行政机关的协调处理中代表本方履行职责 4. 能够组织起草区域性、行业性集体合同草案	1. 谈判策略 2. 社会经济发展主要指标体系的分析方法 3. 劳动关系危机管理的原理

续表

职业功能	工作内容	能力要求	相关知识
三、集体协商与集体合同管理	（二）集体协商与集体合同订立	5. 能够组织起草向区域性、行业性职工代表大会或劳动行政部门汇报关于集体协商过程和集体合同内容的报告 6. 能够在区域性、行业性职工代表大会上接受职工代表的质询	
	（三）集体合同履行	1. 能够起草、组织落实区域性、行业性集体合同履行监督检查制度、监督检查方案以及整改方案 2. 能够协调解决区域性、行业性集体合同履行中的争议并能够依法促成集体合同争议的仲裁和诉讼的顺利解决	区域性、行业性的集体合同履行的监督检查方法
四、劳动规章制度建设	（一）劳动规章制度制定	1. 能够设计符合用人单位特点的劳动规章制度体系 2. 能够指导用人单位的有关部门起草劳动规章制度 3. 能够审核劳动规章制度草案，保证劳动规章制度的内容和程序的合法性与合理性	1. 用人单位劳动规章制度体系 2. 劳动规章制度合理性审核方法 3. 企业管理的基本内容
	（二）劳动规章制度实施效果评估	1. 能够协调处理劳动规章制度实施中劳资双方的重大分歧和典型事件 2. 能够评估劳动规章制度体系运行状况，并提出调整方案	劳动规章制度实施情况评估原则和办法

续表

职业功能	工作内容	能力要求	相关知识
五、劳资沟通与民主管理	（一）信息沟通管理	1. 能够根据用人单位的实际情况，设计合适的信息沟通策略 2. 能够评估信息公开、信息沟通的影响，提出调整信息沟通的建议	信息公开的方式与评估方法
	（二）劳资协商	1. 能够拟订用人单位的劳资协商制度，建立劳资协商机制 2. 能够评估用人单位劳资协商制度的运行状况，并提出调整方案	1. 劳动关系的性质及基本特征 2. 单决和共决原理 3. 劳资协商基本理论 4. 企业社会责任理论和发展趋向
	（三）职工代表大会（职工大会）的组织召开和职工董事监事制度建设	1. 能够根据企业需要和法律要求，提出职工代表大会制度的建立方案 2. 能够检查和评估职工代表大会决议的实施情况 3. 能够拟订用人单位的职工董事监事管理制度	市场经济国家的员工参与制度和方式
六、员工申诉与劳动争议处理	（一）涉及劳动保障事务的群体性突发事件处理	1. 能够设计用人单位内部劳动关系预警机制 2. 能够采取有效措施，应对和处置涉及劳动关系的群体性突发事件 3. 能够接受邀请，参加当地协调劳动关系三方会议，就劳动关系运行中可能产生的重大问题提出意见和建议	1. 群体性突发事件的概念和处理方法 2. 危机处理的概念和方法 3. 三方会议议事规则

续表

职业功能	工作内容	能力要求	相关知识
六、员工申诉与劳动争议处理	（二）劳动争议预防和劳动关系协调战略制定	能够分析用人单位、行业和地区的劳动争议特点、趋势，并提出用人单位劳动争议预防和劳动关系协调战略	1. 劳动争议趋势分析方法 2. 劳动关系协调体系 3. 市场经济国家和地区员工申诉程序和处理流程

4. 比重表

4.1 理论知识

项目		劳动关系协调员（%）	劳动关系协调师（%）	高级劳动关系协调师（%）
基本要求	基础知识	10	15	0
	职业道德	5	5	0
相关知识	劳动标准实施管理	10	15	10
	劳动合同管理	15	15	20
	集体协商与集体合同管理	15	10	20
基本要求	劳动规章制度建设	10	10	10
	劳资沟通与民主管理	15	10	15
	员工申诉与劳动争议处理	20	20	25
	合　计	100	100	100

4.2 专业能力

项目		劳动关系协调员（%）	劳动关系协调师（%）	高级劳动关系协调师（%）
能力要求	劳动标准实施管理	20	15	10
	劳动合同管理	20	20	20
	集体协商与集体合同管理	10	10	10
	劳动规章制度建设	10	15	15
	劳资沟通与民主管理	15	15	20
	员工申诉与劳动争议处理	25	25	25
	合计	100	100	100